世界著名自然科学家及科普知识系列丛书

DAERWEN HE QIMIAO DE SHE...

达尔文
和
奇妙的生物世界

马　静／主编

山西出版传媒集团
山西教育出版社

图书在版编目（CIP）数据

达尔文和奇妙的生物世界/马静主编. —太原：山西教育出版社，2015.7
（2022.6 重印）
（世界著名自然科学家及科普知识系列丛书）
ISBN 978-7-5440-7729-3

Ⅰ．①达… Ⅱ．①马… Ⅲ．①达尔文，C.（1809～1882）-生平事迹-青少年读物 ②生物学-青少年读物 Ⅳ．①K835.616.15-49 ②Q-49

中国版本图书馆 CIP 数据核字（2015）第 132569 号

达尔文和奇妙的生物世界

责任编辑	彭琼梅	
复　审	杨　文	
终　审	孙旭秋	
装帧设计	薛　菲	
特约设计	周　璇	
印装监制	蔡　洁	

出版发行　山西出版传媒集团·山西教育出版社
（太原市水西门街馒头巷 7 号　电话：0351-4729801　邮编：030002）

印　装	北京一鑫印务有限责任公司
开　本	670 毫米×960 毫米　1/16
印　张	12
字　数	107 千字
版　次	2015 年 7 月第 1 版　2022 年 6 月第 2 次印刷
印　数	3 001-6 000 册
书　号	ISBN 978-7-5440-7729-3
定　价	39.00 元

如发现印装质量问题，影响阅读，请与印刷厂联系调换。联系电话：010-61424266

前　　言

　　无论什么时候，浩瀚的大自然总是能带给人类无穷的遐想。为了揭示大自然的奥秘，无数科学家进行了不懈的探索。他们的智慧，是点亮青少年心中希望的璀璨明灯，指引着他们的脚步向科学的更高峰攀登。

　　"世界著名自然科学家及科普知识系列丛书"就是我们为青少年朋友收集的珍贵的火种。

　　这套丛书共5册，精选了当今具有代表性的5位著名自然科学家，从不同的方面展现了这些伟大人物的优秀品格。从他们的成功之中，我们可以发现，智慧就蕴含在我们的日常生活之中，蕴含在被我们忽视的细节之中，蕴含在刻苦钻研之中，蕴含在对大自然奥秘的追求之中。

　　英国生物学家、进化论的奠基人达尔文，对动植物和地质结构等进行了大量的观察和采集，并出版了《物种起源》，提出了生物进化论学说。伽利略是意大利伟大的数学家、物理学家、天文学家，他发明了摆针和温度计，确立了自由落体定律。重视实践，尤其是科学实验是英国物理学家、化学家法拉第的特点，他的电磁感应定律奠定了电磁学的基础，改变了人类文明。俄国著名化学家门捷列夫发表了世界上第一份元素周期表，他还在气体定律、气象学、石油工业、农业化学、无烟火药、度量衡等领域不同程度地做出了成绩。德国著名数学家、物理学家、天文学家、大地测量学家高斯享有"数学王子"之称，他一生成就极为丰硕，以其名字"高斯"命名的成果达 110 个，属数学家之最。

从上述杰出人物的成就中，我们可以看到坚守的智慧，可以看到创新的精神，可以看到信仰的力量，可以看到执着的信念。在这 5 册书里，相信每一位青少年都能找到一座属于自己的灯塔，都能找到最适合自己的一个方向，都会增长自己某一方面的智慧。

科普知识涵盖科学领域的各个方面，无论是物理、化学、生物等专业学科，还是我们的日常生活，无不涉及科普知识。随着全球一体化的时代发展，加强科学技术普及教育，提高民族科学素养，已成为持续增强国家创新能力和国际竞争力的基础性工程。我们在介绍这 5 位著名科学家的同时，罗列了他们所研究和从事领域的科普知识，就是希望通过介绍自然科学和社会科学知识，推广科学技术的应用，倡导科学方法，传播科学思想，弘扬科学精神，激发青少年朋友学科学、爱科学、用科学的热情。

感谢这 5 位享誉全球的科学家为我们提供了如此丰富的精神食粮，也祝福读到这套书的青少年，愿你们能够以这些科学家为榜样，不畏艰难，勇于探索，追求真理，积极献身科学事业，树立为人类谋求幸福的伟大理想。

目　　录

第一章　快乐童年

第二章　少年时光

第三章　亲密家人

第四章　大学生活

第五章　环球航行

第六章　幸福家庭

第七章 伟大事业

科普小知识——奇妙的生物世界

第一章

快 乐 童 年

  童年生活对一个人的成长有很大影响。达尔文从小在全国医学界具有权威性的爷爷和作为著名医生的父亲的教育和熏陶下，在良好的家境中以及母亲的无限疼爱下快乐地成长。这一切为达尔文日后的成功产生了很好的启蒙作用。

第一节　达尔文的降生

位于英格兰西部塞文河畔的什鲁斯伯里市，1809 年 2 月的一天，降生了一个男孩，他就是日后改变生物学历史的大科学家——查尔斯·罗伯特·达尔文。

达尔文的父亲罗伯特是当地著名的医生。他医术高超，在什鲁斯伯里一年，就医治好了上百名重病患者。他对病人很负责任，所以当地人都去他的诊所看病，诊所既有很好的口碑，又有很好的经济收入。

达尔文的祖父伊拉斯谟斯·达尔文，是当时欧洲具有进化论思想的代表人物之一。他编写的《植物学》《植物的机体》《植物的杂交》等著作中，都体现了进化思想。祖父的很多思想都被达尔文继承了下来，既为达尔文日后的成功提供了很好的物质基础和精神财富，也给达尔文的终生追求指明了方向。

家庭的熏陶、精神的传承、良好的家境和教育以及母亲的温柔与疼爱，这些都为达尔文的成长提供了内在和外在的动力。

达尔文的母亲苏姗娜，不仅长得漂亮，还很有学问。1808 年，英国和法国的战争进行得非常激烈，粮价飞速上涨，而此时，苏姗娜腹内又孕育了一个新生命。由于长期缺乏食物而引起严重的营养不良，苏姗娜身体状况很差。

看着妻子娇弱的身体无力承受孕育新生命的重担，罗伯特很是担忧，他对接生的医生说："一定要保住大人的命，万不得已，孩子可以不要。"

"不，不可以……"苏姗娜挥着手无力地说。苏姗娜宁可自己死去，也要保住这个孩子。

五个多小时过去了，医生不但从死神手中救回了苏姗娜，还接生了一个新生命，他就是小达尔文。

罗伯特万分激动，妻子的命保住了，又迎来了一个小生命。他认真地注视着孩子的笑容说："看见这孩子的笑容，让我想起大哥。4 岁时妈妈病逝，大哥成了我生命中的保护神。他像妈妈一样照顾我、关爱我、教育我，是我最亲近的人。遗憾的是他早早病逝，永远地离开了我。"

罗伯特说着，眼睛就湿润了。

苏姗娜安慰他说："在哥哥的教育下，你也很了不起啊，大学毕业后仅用 20 英镑的生活费就开创了今天的事业，以此回报了哥哥对你的爱！"

罗伯特说："哥哥是我最敬重的人，为了报答和纪念他，就给我们的这个儿子取名查尔斯·罗伯特·达尔文吧，希望他能像哥哥一样，长大成为一个成功的人。"

在他们的憧憬和期盼中，小达尔文一天天长大了。

第二节　"图画"的启迪

达尔文出生一年后，家里又多了一个小妹妹。妈妈每天一边操持家务，一边辅导大孩子的学习，关心小孩子的生活。她一个人照顾着家里所有的人，很辛苦，身体也越来越不好了。

尽管这样辛苦，苏姗娜还是全力照顾家庭，不让丈夫为家务分心，也给了儿女们全部的母爱。她每个星期都领着孩子们去教堂做礼拜，教他们学唱圣歌，给他们讲《圣经》。

达尔文很小就随妈妈去教堂，他很喜欢去教堂，因为他喜欢教堂里的壁画。每次做礼拜小达尔文都学着妈妈的样子，虔诚地跪在圣像前祷告。直到教堂里的钟声响起，所有的仪式结束后，小达尔文才盼来最快乐的时刻，因为此时他可以观看教堂墙壁上的"图画"了。

一天，达尔文指着教堂天花板上的画说："妈妈，这画上面的人为什么都不穿衣服呀？"

妈妈告诉他："他们是神，而不是人，所以可以不穿衣服。这是意大利著名的雕刻家米开朗琪罗绘制的巨幅拱顶画，由于长期歪着头作画，米开朗琪罗的脖子都累歪了。"

苏姗娜耐心地为儿子讲解每幅画的内容："你看，这幅画的是亚当正接受上帝赐予生命力时的情景；这幅画的是上帝正有力地创造天空；这幅描绘的是上帝让夏娃从昏睡的亚当肋间站起来……"

小达尔文认真地听着，不时地点头，直到母亲把9幅主题画的内容全讲完。喜欢刨根问底的达尔文仍然觉得还有许多问题没弄明白："妈妈，他们是神，就不用穿衣服了吗？他们不穿衣服，不冷吗？"

妈妈说："这是为了更好地表现人体的美，是赞美创造力的神话，是对人体美和精神美的歌颂。"

达尔文说："上帝真伟大，创造了亚当和夏娃，创造了世界上的一切，那我和妹妹也是上帝创造的了？"

妈妈笑着说："傻孩子，你和妹妹是人，不是神，你们是爸爸和妈妈的孩子，不是上帝创造的。"

"上帝创造了一切，那妈妈和爸爸也是上帝创造的吧?"达尔文急着问。

"好孩子，你还太小，有很多问题，随着你以后的学习会慢慢了解，现在不要想得太远了。你要相信是上帝创造了一切，这是不可改变的真理。"

《圣经》上说，大约在六千年前，上帝依照自己的模样用尘土捏造出世界上第一个人，并将生命气息吹入这个人的体内，这个最初的人是个男人，叫亚当。上帝看他一个人生活太寂寞，趁他熟睡时，从他身上取下一根肋骨，用这根肋骨创造了一个女人，这个最初的女人叫夏娃。亚当和夏娃在伊甸园结成夫妇，生儿育女，从此繁衍子孙，地球上才出现了人类。

后来，在这宗教气氛浓厚的地方长大的达尔文，也正是从教堂无数次响起的钟声里，清楚地认识到"上帝创造人"是一个很可笑的弥天大谎。他对《圣经》中上帝创造了万事万物的思想提出了质疑，并用毕生的努力找到了人类起源的答案。

第三节　达尔文的博物馆

达尔文的精神世界里存在很多疑问和许多不合常理的想法，天马行空。同时，他的行为也证明他不是一个"老实的乖孩子"。他的淘气、不听话、不同寻常在家里和镇上是出了名的。

达尔文家的房子很大，家里还有一个很大的花园。花园里有一棵高大的西班牙果树和很多修剪整齐的灌木。达尔文常常爬到那些粗大弯曲的树干上面玩，吓得妹妹大声喊妈妈来想办法哄他下来。上树、爬墙、捉虫子、捡石头和贝壳，达尔文样样精通，动物、植物都是他的好伙伴、好朋友……

达尔文经常爬到大树上玩，根本不在意妹妹和妈妈的担心，坐在树干上面悠闲地说："你们的胆子太小了，根本就不知道这上面有多么平坦、多么舒服、多么奇妙，还有很多小虫子，这是我的天堂座椅。"

妈妈对这个异常淘气的儿子是又气又爱！

就这样，达尔文坐在树上看螳螂捕蝉、蜘蛛织网；看远处的高山、飞鸟和流水。妈妈只好经常领着妹妹在树下采花，捉蝴蝶和蜻蜓来陪伴他。

有一次，达尔文在树上低头看见妈妈和妹妹正拿着铲子给花苗培土。妹妹的力气太小了，一次就铲起那么一点儿土，他实在看不下去了，迅速从树上跳了下来，从妹妹手里抢过小铲子说："这是力气活儿，是我们男孩子做的事。"

妹妹听话地站在一边，看着达尔文将一大铲土放在花苗下。挖着挖着，只见达尔文突然捧起一把土放在鼻子下闻了起来。妹妹大吃一惊。

"啊，这泥土好香啊！"

妈妈爱怜地看着她这个行为"古怪"的孩子，有隐隐的担忧，怕达尔文的思想和行为不被别人接受，不被老师和学校接受。

1817年7月15日，达尔文家里笼罩着一种悲哀的气氛，病魔向妈妈伸出了可怕的手。那是一个阴沉闷热的日子，8岁的达尔文第一次认识到死亡的恐怖。临终前妈妈特别嘱咐爸爸说："小达尔文太淘气了，这孩子性格古怪，我就是放心不下他，要正确引导他，一定要尊重他的爱好。"

妈妈静静地离开了人世，家里没有了笑声。达尔文捧着妈妈的遗像，一个人躲在房间里偷偷地哭泣。他回想着妈妈离去时的样子：妈妈穿一件黑色天鹅绒长袍，脸上带着平静而温和的微笑，闭着眼睛躺在床上……

妈妈去世之后的一段时间，爸爸发现达尔文好像总在想问题，常常一个人在花园里走来走去，沉思的神情跟他的年龄很不相称。有一天达尔文独自一人绕着旧城墙走，因为一边走一边想心事，结果不慎从两米多高的地方摔了下来……

达尔文的伤还未养好，又出去"玩"新花样了。他爬到树上采集中意的树叶和花朵，在塞弗恩河边捡形状各异的石头，收集品种罕见的花草标本……

达尔文不仅把他的这些"宝贝"带回家，还放在床上，与他共眠。姐姐发现后就往外扔达尔文的那些"宝贝"，达尔文急得大声喊："爸爸，快来救救我的朋友们吧！"

爸爸闻声赶来，看见姐弟俩正在抢一块石头，达尔文气得脸和脖子都涨红了。

"石头之争"后，没过几天，达尔文的兴趣发生了转移，又跟猫和狗交上了朋友，他的房间里更热闹了，有动物、植物，活的、死的、会爬的、会叫的……一应俱全。

姐姐卡罗琳终于对这个弟弟忍无可忍了，她找到爸爸说："妈妈去世后，达尔文就像一匹没套笼头的小野马，让弟弟赶紧上学吧，他的房间都快要变成博物馆了。"

爸爸推开达尔文的房门一看，里面太热闹了：鸟蛋、贝壳，各种昆虫、石头、花草……每件东西上都带着标签，上面写着名称和采集时间。达尔文的房间真的变成博物馆了！

爸爸整日心系诊所的事务，从未认真观察过达尔文，不了解他古怪的想法和行为，看到他的房间变成了"博物馆"很是无奈。

爸爸不知道在达尔文的脑海里已滋生了许多异想天开的想法，他对植物的变异性产生了兴趣，正准备作更深一步的研究！

达尔文在做一个实验：他给报春花浇颜料水，想使报春花变得五彩缤纷。他的想法多么奇异呀。

看到儿子的兴趣日益浓厚，罗伯特决定听从妻子的遗言，尊重达尔文的爱好，允许他尽情地把喜欢的东西都拿到房间里来。

得到了爸爸的默许后，达尔文更加大胆了，他在自己房间的门上写着"博物馆，闲人免进"。当然，他说的"闲人"是指姐姐卡罗琳。姐姐没办法，索性也就不再管他了。

达尔文成了自由的人，对母亲的思念也渐渐变淡了，他不再那么悲伤，而是慢慢沉浸在自己的兴趣和爱好中。达尔文的那些古怪爱好、行为及语言，并不能被家人理解和接受。爸爸担心他以后玩物丧物，不认真学习，不学无术，不能成才。

但事实证明，达尔文不仅用他自己的"古怪思想和行为"成就了一番事业，而且还为整个人类的进化提供了"开天辟地"的新理论，开创了生物学的新纪元。

第二章

少 年 时 光

　　儿时的兴趣和爱好，大多会是一个人终生追求的理想和从事的职业。达尔文上小学时表现出来的非凡想象力和对生物以及大自然的热爱及钻研精神，是他建立丰功伟业的前提和基础。

第 一 节　 非 凡 的 想 象

达尔文是一个富有想象力、热爱大自然的孩子。

一天，达尔文从果园里跑到爸爸面前说："我在灌木丛中发现了一堆果子，一定是有人偷了放在那里的。"

妹妹却对爸爸说："哥哥撒谎，我明明看见是他亲手从树上把果子摘下来放在那里的，现在他却说是发现的。"妹妹对哥哥的这种行为很不理解。

为此爸爸沉思起来，其实他早就发现儿子有说谎的毛病。一天他走进达尔文的"博物馆"，看见达尔文正在给一块化石拴标签。达尔文看爸爸来欣赏自己的宝贝，兴奋地说："我的这块石头价值连城，我还有一枚罗马的古钱币，您看，就在这里。"爸爸看了看儿子的宝贝钱币，其实这枚古钱币不是罗马的，只是一枚压变形的 18 世纪的旧便士。

作为一名医生，他能理解儿子为什么会说出这些离奇荒诞的话来，这正是达尔文想象力丰富的表现。但是爸爸又担心达尔文的前途，这个孩子太不定性、太好玩，一定要想办法管管他。

一天，爸爸把达尔文叫到身边说："孩子，你慢慢长大了，我为你找好了学校，明天送你去上学。"

达尔文回答："我不去上学，别人家比我大的孩子还没有去上学呢。我在'博物馆'里的实验还没做完，我正在研究给植物注入一种'秘密液体'，让它开出的花能改变颜色。"

爸爸严肃地说："如果你还想'玩'房间里的东西，就必须去上学。"

爸爸这一招果然灵验，达尔文不敢吱声了。他的"博物馆"里的这些"好朋友"可是他的最爱，为了它们，他可以做任何事情。

1817年3月，达尔文和妹妹一起进了当地一所私立学校。学校里只有一位老师，是一个牧师。他用《圣经》做教材，给学生讲些传说中的神话故事和古希腊文。

课堂上的达尔文不是一个听话的学生，他觉得老师的课讲得太枯燥了。老师在课堂上讲人是上帝创造的，宇宙万物都是上帝在六千多年前花了六天的工夫造出来的。而这些东西在达尔文小时候妈妈已经给他讲过很多次。他拿出兜里的"宝贝"摆弄起来。这是一块他刚从海边捡到的死鱼皮，让他从大海联想到森林，感觉到生命无处不在，生命是那么的神秘。老师发现了他的这一举动，于是对他说："请你背诵《旧约全书》里的创世纪。"

达尔文恳求道："老师，请别让我背创世纪了，我给您讲上帝创造鱼和其他海洋动物的有关事情吧。我手里拿的是上帝用尘土创造的最初的那条鱼身上的皮，上帝捏完鱼的形状，向它吹了一口仙气，鱼就活了。这条鱼生了好多条小鱼后，累死了。"

老师被他的回答弄懵了，也像其他学生一样睁大眼睛看着达尔文手里的鱼皮，想着达尔文刚才说的那些稀奇古怪的话。达尔文接着说："上帝还将赐给我一块金光闪闪的宝石。"

老师问："你怎么知道？"

达尔文回答说："上帝无所不在，他昨天晚上在我的'博物馆'里对我说的呀！"

老师被他的话搞得更糊涂了，心想：这个孩子一定是思维有问题，需要耐心地开导。

虽然达尔文的话让人无法理解，可是他的"博物馆"却因此激发了同学们的兴趣，常常有同学主动要求去参观他的"博物馆"。而达尔文也很愿意将自己珍藏的宝贝拿给同学们看，和同学们共享他的成果。他说自己是"博物馆"的馆长兼讲解员。

达尔文常常从爷爷的书架上把一些有趣的书偷出来拿到课堂上读，比如《鲁滨孙漂流记》《格利佛游记》《世界奇观》等。这些书里的新奇世界和故事把他带到了一个新的思维世界里。

达尔文在日记中写道："有一天我一定也要像书里的主人公一样，去欣赏大自然的风光。"

达尔文是一个善于思索、富有想象力、热爱大自然的孩子。可是家庭和学校并不了解这个孩子。达尔文把兴趣完全倾注到课外活动上，所以他的学习成绩一般。父亲认为他是个天资平庸的孩子，长大了不会有多少出息。校长认为他是个不务正业的二流子。如果不是后来两个独具慧眼的人看出了达尔文具有不凡的气质，并悉心培养，那么达尔文就会走上一条完全不同的人生道路。

第二节　寄 宿 生 活

随着达尔文的爱好越来越广泛，被请回家里来的"客人"也越来越多。他对学校所学知识的兴趣越来越淡，却把精力更多地投入到自己的"博物馆"和研究中。

爸爸为达尔文在学校里学不到什么知识而担忧，如何才能改变他的学习环境呢？

1818 年夏天，父亲把达尔文和哥哥伊拉兹马斯送到什鲁斯伯里寄宿中学读书。

新学校主要教授古代语言、拉丁文和希腊文，达尔文喜欢的数学课却很少，自然科学和现代语言课程根本就没有，老师考查学生的成绩只是看书写和背诵能力。而这些都是达尔文最不擅长的，所以他的思想又开始开小差了。他想念他的那些"标本朋友"。

达尔文的哥哥伊拉兹马斯比达尔文大两岁，长得白白净净的。当爸爸把他们哥儿俩带去见什鲁斯伯里学校的校长时，校长打量着达尔文说："你们是亲兄弟?"

"是的，他是我亲弟弟。"哥哥说。

校长说："太不像了，看看你弟弟的手，这手上怎么那么多伤痕。"

原来，达尔文手上的伤是他穿山越岭收集标本时划破的。在野外收集标本是有趣也是有危险的事情，但他不畏惧任何艰险，仍坚持着自己的爱好。

达尔文每次发现鸟蛋时，都不忍心把蛋全部拿走。为了不让鸟妈妈伤心，每次只取走一个蛋。达尔文在收集昆虫制作标本时更表现出仁慈善良的一面，他不忍心用大头针扎住昆虫，但也想不出什么"好办法"把它们弄死，所以他从不采集活昆虫做标本，只好去找那些死去的昆虫。而找死昆虫要花费更长的时间，要下更大的功夫。

来到寄宿学校后，达尔文对学习依然没有兴趣，最大的愿望就是学校早些放假，那样他就可以回到自己的"博物馆"里工作了。他曾钻学校每两周点一次名的空子，偷偷跑回家里去做实验。他对自己在学校里学的那些功课要求并不高，只要能通过考试就可以了。

渐渐地，校长和老师发现达尔文的成绩并不是很理想。但达尔文不是一个笨孩子，他对校外一位老师讲的欧几里德几何课中的一些定理学得很快。

第三节　小　小　骑　手

达尔文是个怪学生。课堂上老师让背诵贺拉斯和维吉尔的诗篇，每次为了应付老师，他都靠死记硬背而蒙混过关，然后很快就全忘了。但对莎士比亚、弥尔顿和乔叟的作品，他却有浓厚的兴趣，只要读一遍，就能背诵其中的内容。

在寄宿学校学习的时光过得很慢，好不容易盼来了第一个暑假。

爸爸拿着他们哥儿俩的成绩单说："伊拉兹马斯是上等生，达尔文是中等生，我担心你再这样玩下去只会变成落后生啊！"

当时，学习古文化知识被认为是绅士的标志，而希腊及拉丁文学在绅士阶层中很盛行。爸爸和老师督促达尔文学好这些功课，是为他的前途和未来着想，而达尔文却全然不领会这些，依然把热情倾注在自己的"科学研究"中。

因为爸爸和老师不理解自己的想法，达尔文无法与他们进行更好的交流，心里很压抑，于是决定到大自然中寻找自由。他早就计划在暑假里学习骑马，现在他的计划就要实现了。

达尔文家里养着几匹马，其中的一匹白马是达尔文的最爱。早在妈妈活着的时候，他就对这匹马特别地偏爱，他和白马早就成为好朋友了。

射猎场是一些富人光顾的地方，也是成人常来的地方，很少有像达尔文这样小的孩子来玩。

小达尔文牵着白马在射猎场一出现，就引来许多注视的目光。

在他上马时出现了尴尬的一幕——他无法骑到马背上。他放下马的缰绳，两手搭在马背上，双腿一起往高处跳，可就是跳不到马背上。

他急得团团转，不知如何是好。他又找了一块高坡，让马儿站在坡下，自己站在坡上。马儿又高又大，而他却是又矮又瘦，脚下的高坡也帮不了他的忙。

达尔文无奈、懊恼地向四周望着，他多么希望能来一个人将他抱到马背上，好免去他的这份折腾和无奈。

人们各忙各的，好像并没有人注意他。

　　突然，达尔文想出一个好办法。他牵着马向一棵大树跑去。到了树下，达尔文放开缰绳，马儿听话地站在树下，他却迅速爬到大树杈上，然后猛地向下一跳，正好落在马背上。

　　"好，好，这孩子真聪明，想出这个好办法！"

　　一抬头，达尔文看见一伙人，正在前方不远处望着自己。

　　"小孩，你是谁家的？为什么就你一个人来骑马打猎？"

　　"我是医生达尔文家的孩子。"达尔文不想回答另外一个问题，只是淡淡地回应了这句。是啊，他为什么就一个人来呢？原本哥哥说好和他一起来的，但爸爸为哥哥找好了补习班，听话的哥哥去补习班学习去了；还有小妹妹，她是争着要来的，可是在他自己还没有学会骑马之前，是不能带小妹妹来的；爸爸每天在诊所从早忙到晚，也根本不会有时间陪他玩，所以只有他一个人来骑马打猎。

　　爸爸作为一名医生，在这里很有声望，只要一提到他的名字，没有人不知道。与达尔文搭话的，是这里的一个乡绅，也是爸爸的一个好朋友。

　　"哦，原来你是达尔文家的小少爷，你用这个方式骑到马背上真是太聪明了。"

　　坐在马背上，达尔文便一下子把在家里和学校里的不愉快全都忘记了，他感觉自己是世界上最幸福、最快乐的人。

很快，达尔文和射猎场上的一些大人交上了朋友，他们经常相约骑马去远方打猎。这促使达尔文成为了一名出色的骑手和猎手，同时也成为一位野外博物学家。

第四节　达尔文的实验室

达尔文是个奇怪的学生，他不喜欢古文化知识和希腊文、拉丁文课，但是喜欢阅读雪莱、莎士比亚等人的著作，可以说是爱不释手。

1821 年 12 月的一节早读课里，老师没收了达尔文的一个本子，上面有他刚抄写完的一首雪莱的诗：

> 播种吧——但是别让暴君搜刮
>
> 寻找财富吧——别让骗子起家
>
> 纺织吧——可别为懒人织锦衣
>
> 铸武器吧——保护你们自己

老师一看这诗，马上就发怒了，说："你竟敢把雪莱的歪诗拿到课堂上来读，真是不可救药！"

达尔文说："老师，我认为雪莱、莎士比亚和弥尔顿都很伟大，他们的作品也都很了不起，应该一样受人尊敬。"

老师说："你这么说会受到惩罚的。雪莱是个不信上帝、不敬国王、不爱祖国、诽谤政府、没有信仰的狂人，他的伟大之处何在？"

"老师，您还不能正确地理解雪莱，您还没有读懂他的诗。"

老师本想把达尔文吓住，没想到不仅没吓住达尔文，却引发了达尔文的辩论，他的火气更大了，说："我不管你是谁的儿子，我一定要向校长申请开除你。"

达尔文心想，如果学校将我开除，正是求之不得的事。我正不愿在这里学习这些无聊的知识，回家就可以做我愿意做的事了。

他索性自己去找校长谈了这件事情，可是校长却不接受老师的建议。

没过几天达尔文被叫到校长室里，这次校长真的生气了，他的脸色很难看。

原来，达尔文受哥哥的影响，爱上了化学实验。达尔文和哥哥把家里的一个木棚收拾干净，自己动手布置了一个化学实验室。他们买来了曲颈瓶、长颈瓶、试管、烧杯、酒精灯等器具，每天在实验室里忙来忙去，制造出种种气体和化合物。

达尔文和哥哥的实验室引起了同学们的注意，同学们对达尔文哥俩的实验充满了好奇。特别是他们在研究出气体和化合物后，在同学们的眼中，简直就是搞实验的"科学家"了，是了不起的人物。同学们还送给达尔文一个"瓦斯"的外号。

正当达尔文沉浸在做实验制造化合物的兴致和喜悦中时，一个好事的同学把他们的事情报告给校长，校长这回真的被他们激怒了。

兄弟俩小心翼翼地站在校长面前。

校长板着脸问："伊拉兹马斯，知道我为什么找你们来办公室吗？"

哥哥说："很抱歉，校长先生，我们知道自己错了，我们不应在家里做那些实验，影响学习，请相信我们一定会改的。"

达尔文却拉住哥哥的手说："哥哥，你为什么要说道歉的话？我不知道我们做错了什么事。"

"我已经知道了你们的事情，达尔文，你说是不是哥哥把你带坏的？"

达尔文回答说："校长先生，您越说我越糊涂了，我们究竟做错了什么事？"

校长说："不久前你看雪莱的诗，又在课堂上顶撞老师，现在你又天天弄有毒的化学药品，这么大的事你还想瞒我吗?"

达尔文说:"哦,原来是这样,校长先生,请相信我们不是在玩有毒的化学药品,也不会伤害到其他人,我们是在做实验。"

"看来我们学校又要产生一个波义耳或者戴维了。在我的印象里搞实验的人应该是知识丰富的成年人,而不是像你们这样小的学生。你们这些小孩子也就是玩乐而已,能研究出什么。"校长说。

达尔文听出校长话里的讽刺意味,他镇静地说:"我就是要做波义耳、戴维那样有名的科学家,我还想……"

不等达尔文把话讲完,校长打断了他的话,说:"我不想听你的辩解,你们的父亲把你们送到这里,是让你们来接受教育的,不是让你们来做实验的!回去马上把落下的功课补回来,如果你们还不悔改的话,我就开除你们,让你们的父亲把你们接回去,尽情地去做实验吧!"

达尔文本还想跟校长理论一番,却被哥哥硬拉着往外走。哥哥劝他说:"这段时间爸爸身体不太好,不能让他再为我们操心了。"

哥哥从小就是听话的孩子,受到校长的批评后,再也没进过实验室,一心认真地学习学校的课程。可达尔文却还是一有时间就往实验室里钻,只是此后他谎称自己不再做实验了。这一招果然灵验,同学们也不再往他的实验室里跑了，但还习惯地称他为"瓦斯"。

　　爸爸知道了兄弟俩在学校发生的事，并没有特别为达尔文担忧，也没有狠狠地批评他。他认为达尔文喜欢做实验，就让他去摸索、去探寻，如果有一天达尔文能从事自己的职业，一定也会成为一名优秀的医生。

　　不过，达尔文并没有像爸爸想的那样，他还在做他的"瓦斯"梦！

第三章

亲 密 家 人

在人生的岔路口和艰难时刻，有知心者的点拨和支持，会改变人的一生。达尔文在和父亲的拉锯战中，找到了最贴心和知心的支持者——舅舅。舅舅在精神上和物质上都给予了达尔文绝对的支持。这样才有了日后的英国乃至全世界生物学史上革命性的伟人——达尔文。

第一节　舅舅——朋友

1825 年夏天，达尔文从什鲁斯伯里中学毕业了，他终于离开了这个索然无味的学校，终于自由了。

眼下达尔文最想做的就是到梅庄看望舅舅。梅庄是距什鲁斯伯里 30 千米的一个小镇，那里有一座漂亮的豪宅，舅舅乔赛亚·韦奇伍德一家就住在这里。达尔文从小就通过母亲的谈话，对梅庄有很好的印象。高高的院墙、大大的门牌、茂密的树林、盛开的鲜花、广阔的草地，这些美丽的景象常常在他的脑海里出现。

舅舅是一个才华出众的人，在当地也是一位著名人士，一些杰出的文学家、科学家都是他的朋友。舅舅对达尔文特别地偏爱，他是所有长辈里唯一能理解达尔文爱好的人，是达尔文的知心朋友。

母亲活着的时候，达尔文没有去过梅庄。第一次去梅庄，是母亲去世后两年，爸爸带他去舅舅家做客，达尔文才有了和舅舅一家人亲近的接触。

舅舅家有四个男孩和四个女孩，孩子们活泼可爱，家里非常热闹，但舅舅平时很少和家里人讲话，好像总在思考问题，孩子们要想和他讲话必须鼓足勇气。但达尔文初到梅庄后就表现出了"野气"，让舅舅对他另眼相看。

达尔文和表兄弟姐妹相处得很好，他们一起玩耍，一起阅读，一起打球，特别是最小的表姐埃玛和他成了形影不离的好朋友。埃玛比达尔文大近一岁，娇小可爱，但达尔文和她在一起玩耍时总表现出小男子汉的勇敢，保护埃玛，把她当小妹妹看。

从梅庄回来，达尔文和埃玛一直保持书信往来。埃玛的文化课很好，与埃玛通信，提高了达尔文的写作能力，他们之间也建立了深厚的友谊。

五年后，达尔文第二次来到梅庄，此时他已经是一个16岁的少年了，文质彬彬，个子也高大了许多。

埃玛急切地拉着达尔文的手说："我带你去一个美丽的地方。"他俩一起游览了梅庄，在茂密的树林里达尔文给埃玛讲植物的趣事，在小湖边讲各种鱼的特性，在灌木丛边讲昆虫标本的制作……慢慢地两人之间滋生了一种超出亲情的感情，那种感觉是神秘的。

来到舅舅家的第一个晚上，达尔文记录了自己在梅庄游玩路上的所见所闻，舅舅看见达尔文在纸上画着的苔藓图案说："没想到你这么喜爱生物学，对生物有这么浓厚的兴趣。"

达尔文说："这次来梅庄，是想在看望舅舅一家人的同时，在梅庄找到更多的动植物标本。"

舅舅拍着达尔文的头说："哦，你是来我们这儿寻宝的，明天我再送你一件宝贝。"

舅舅走后，达尔文为此激动了许久，这份宝贝又会是什么呢？

第二节　人 生 启 迪

这回舅舅送给他的会是什么宝贝呢？舅舅藏书那么多，一定会是一本书，达尔文越想越兴奋。

辗转一夜的达尔文第二天早上早早地来到舅舅的房间。舅舅把一个包装得很精美的小盒子递给达尔文说："打开看看，你一定会喜欢。"

达尔文小心地接过盒子，轻轻地打开，看见里面有一个做工别致的仪器。

"哦，这是气压计，我以前在书上见过它。舅舅，您真的送给我吗？"

舅舅说："我不但要送给你气压计这个物件，还要带你去见一位大科学家，让你的思想也得到礼物。"

达尔文说："我猜，这位科学家一定是高尔顿，我早就听说你们俩是要好的朋友。"

舅舅把达尔文带到了高尔顿面前，达尔文非常高兴，他拉着高尔顿的手问这问那。

高尔顿没有把达尔文当成毛孩子看，而是把他当成有共同爱好的朋友那样平等对待。他用了一个上午的时间给达尔文讲解气压计上刻度盘的作用，讲解气压计的原理和使用方法。

达尔文把自己所记录的一些有价值的资料和很多标本拿给高尔顿看。

高尔顿仔细看后,对舅舅说:"达尔文收集标本已经有一定的基础了,并且观察到了一些有价值的细节,他在生物学方面已经有了初步的研究成果。"

舅舅在一旁补充说:"达尔文,我知道你不想学画画,但为了能更好地研究生物,你必须学画画,必须让别人一眼就能看出你画的是什么,还要加强自己的语言表达能力……"

高尔顿说:"有好的语言功夫,对一个从事研究的人来说太重要了。我有一本《莎士比亚戏剧故事集》送给你看,要想丰富自己的词汇,就从阅读名著入手。"

达尔文说:"我很早以前就喜欢雪莱、弥尔顿和莎士比亚的诗,从12岁起,我每天都要背一首《莎士比亚十四行诗》。"

舅舅说:"我的藏书里有你需要读的书,只要你喜欢,走时可以拿去。一次拿不了的话,舅舅可以用车帮你拉去。"

达尔文望着舅舅,舅舅的眼睛和妈妈长得多像啊,还有他谈话说笑的表情,他的一举一动让达尔文感受到和母亲在一起时的温馨和快乐。

感受到舅舅和大科学家对自己的理解、关爱和支持,达尔文眼睛湿润了。

他在日记本上写道:

我极度尊敬乔赛亚舅舅,虽然他沉默寡言,

像一个很严肃的人，可有时候他也和我海阔天空地交流，无所不谈。他是一个聪明的人，也是一个正直的人，他是我最亲近和敬仰的人。

夜深了，达尔文还在灯下摆弄着舅舅送给他的气压计，他想明天一定要通过实验把气压计的原理证明出来。他在心中感谢舅舅对他的关心和关爱。舅舅成了他学习的榜样，也是他坚定自己的理想，继续研究生物学的精神支柱。

第三节 梅庄与埃玛

在梅庄，达尔文不仅得到了舅舅的关爱和支持，他和小表姐埃玛的关系也越来越密切。

每当达尔文在舅舅的书房里读书时，埃玛就会为他送去一杯热水，帮助他查找资料并做记录。

当达尔文去河边钓鱼的时候，埃玛是他最好的向导和伙伴。

一个阳光明媚的清晨，达尔文正在为钓鱼做准备，他找到了一条蚯蚓，想把蚯蚓拴在钓鱼钩上做鱼饵。

埃玛说："不要这样对待蚯蚓，它太可怜了！"

"它不会有痛苦的，它的神经系统非常低下。"达尔文解释道。

"就算它没有痛苦，那我也不忍心看蚯蚓在鱼钩上挣扎的样子。"埃玛不忍地说道。

达尔文说:"可若我的鱼钩上没有鱼饵,鱼怎么能上钩呢?"

埃玛从厨房里拿出一些盐水,把蚯蚓放在盐水里,蚯蚓很快就死去了。她说:"现在可以用它做鱼饵了。"

达尔文说:"死蚯蚓怎能引起鱼儿的兴趣呢?"

"求求你,我相信你的能力,你用死蚯蚓也一定能钓到鱼的。"埃玛坚信地看着达尔文。

达尔文尊重了埃玛的意愿,并记住了埃玛的话,从那以后,他钓鱼用的全是死蚯蚓,并且一生都没有改变。

时间过得飞快,达尔文来梅庄已两个多月,要准备回家了。埃玛为他打点行装,两个人在灯下谁也不说话,可又觉得有许多话要说,依依不舍之情在两人之间弥漫着。最后还是埃玛先说了:"我相信你将来一定不会是一个平庸的人。"

达尔文红着脸说:"爸爸让我学医,可我不喜欢医生这个职业,我很为难。"

"要对自己有信心,我相信你会成为一个了不起的人。如果你拿不定主意,可以去征求我爸爸的意见。"埃玛说。

达尔文觉得埃玛说得有道理,决定和舅舅谈谈自己的苦恼和未来的选择。

达尔文走进舅舅的房间,向舅舅汇报了两个月来的学习心得,对舅舅说:"去年圣诞节的时候,爸爸和我谈,说等我中学毕业后要送我去爱丁堡大学学医。"

舅舅想了想说:"医生是一个很好的职业啊,你毕业后可以去开个诊所。"

"有哥哥继承爸爸的职业就好了,我想继续学植物学和动物学。"

舅舅看出了达尔文的想法，对他说："选择职业时，如果不考虑你父亲的感受，他会不高兴的。最好的办法就是一边学医，一边学你所感兴趣的东西。去爱丁堡大学吧，那里开设有生物学和生理学课程，无论你以后想做什么，没有生物学和生理学这两方面的知识是不行的。"

夜深了，达尔文还在和舅舅交谈着。舅舅的话为达尔文解决了苦恼，在达尔文脑海里留下了深刻的印象，他决定听从舅舅的建议，到爱丁堡大学学习。

第二天，达尔文把从舅舅书房里选出的书带在身边，离开了梅庄。从此不论在哪里，他都会想起梅庄，想起舅舅，想起他和埃玛的故事。他把梅庄看成了自己的家，当成了他精神上最大的支柱。

多年以后，当达尔文回忆起自己和梅庄的感情时说："梅庄是我妈妈的故乡，也是给我向往、给我力量的地方，梅庄让我感受到了家的温暖，令我终生难忘。"

第四章

大 学 生 活

　　大学是获取知识和能力的最主要阶段。达尔文在不同的大学读了不同的专业，但他一直心系自己最爱的生物学，其间也在不断地探求生物界的种种奥秘。这些知识的积累为他以后的成功奠定了基础。这个阶段，他还遇到了亨斯洛教授。这位恩师对达尔文辉煌的一生及其成就产生了极大的影响。

第一节　认真学医

1825 年 10 月，达尔文成了爱丁堡大学的一名学生。那时，他还不到 17 岁。

英国北部的海滨城市爱丁堡曾经是苏格兰的首都，有着悠久的历史文化，这里又叫"北方的雅典"。它和古希腊的雅典一样，是一座名城，也是一个学术中心。爱丁堡大学被称为"世界医学博士的摇篮"，爸爸把他送到这里读书，是想让他成为一名优秀的医生。

过去的几年，只要一有时间，达尔文就会去爸爸的诊所里帮忙，爸爸对病人的态度以及病人对爸爸的尊敬，让他很敬佩也很羡慕。所以对于学习医学，达尔文并不是十分反感。他对学习医学充满了信心，梦想自己也会成为像爸爸一样的好医生，能为更多的人治病，成为一个受人尊敬的人。

来到爱丁堡大学后，达尔文制订了周密的学习计划，一心想给爸爸一个惊喜，他要用最好的成绩向爸爸汇报。

在爱丁堡大学，达尔文选学了邓肯博士的药物学课程，亚历山大·门罗三世教授的人体解剖学课程，还有托马斯·霍普教授的化学课程。

老师们浓重的苏格兰口音让达尔文听着很别扭，可是他还是认真地听好每一节课。直到有一天，一次"可怕的经历"之后，他的学习观念开始动摇了。

那是达尔文来到爱丁堡大学后不久，他看到一个病人在这里接受治疗，但仍没有逃过死亡的劫难。

上人体解剖学课时，老师讲课的内容越来越枯燥；药物学课上老师生硬的教学方法，更是让他无法接受。

他在 67 岁时写的自传里对这一段生活这样描述道："爱丁堡大学的课程除了霍普的化学课以外，其他那些讲授都索然无味。邓肯博士的脑膜炎治疗讲授，至今想起来还有些可怕。某博士讲授的人体解剖，其无味有如其人。我没有努力学习解剖，后来被证明是我平生的一个重大损失，因为这种学习对于我以后的工作是极有价值的，我定期在医院里作临床学习。但是，有许多情形颇使我苦恼……"

没有办法，达尔文只好往图书馆里跑，去查找自己喜欢的资料。在图书馆里他是快乐的，全然没有课堂上的烦恼。

达尔文来爱丁堡大学时，哥哥在这里学习医学还差一年就要毕业，兄弟俩偶尔聚在一起吃饭。一天，哥哥对达尔文说："你整天学植物学和动物学方面的东西，为什么不努力争取得到一个医学学位呢？"达尔文坦然道："我不喜欢医学，也不想当一名医生，还是你去继承爸爸的职业吧！"

哥哥说："你会比我学得更好的，其实我对医学也感到厌烦，为了不让爸爸失望，你一定要好好学习。"

哥哥的话让达尔文感到惊讶，可一想到爸爸对他们的期望，达尔文无语了。

达尔文知道自己来爱丁堡大学的目的，于是便忙着学习医学知识。他去图书馆的次数少了，去诊所的时间多了，通过和病人面对面的接触，获得了许多临床经验。

第二年，学校开设了产科学、物理学和自然史三门课程，这些课程都是达尔文喜欢的。自然史教授罗伯特·詹姆斯对矿物学、海洋动物学和鸟类都有很深的研究，并在大学里建立了一个自然史的博物馆。他们很快成了好朋友，在课余时间一起到海边散步，在退潮以后留下的水潭里采集海洋生物。

通过罗伯特·詹姆斯教授，达尔文又结识了一些与自己兴趣相投的学者，其中有罗伯特·埃德蒙·格兰特博士和维利亚姆·马克·吉利弗雷博物学家。

一有时间，达尔文就和罗伯特一起到海边收集海洋动物资料，他还得到了罗伯特先生送给他的"高级仪器"——显微镜。

17岁的少年，在没有人指导的情况下进行的科研工作，居然也取得了一些小小的成就。他在一种原来被认为是植物体的微小生物里看到了动物的构造物证。他证明了以前被认为是一种动物的卵的东西，其实就是这种动物的幼虫。

这个时期，达尔文对"进化论"的思想有了模糊的认识，甚至想有一天去巴黎学习"进化论"思想。同时，达尔文没有忘记自己的承诺，把医学放在了首位，学校的诊所依然是他义务工作最多的地方。

第二节　远离解剖与手术

解剖学原理的课堂上，需要做解剖尸体的实验。第一次走进实验室，达尔文心里难受极了，无论是感官刺激还是心灵刺激都让他无法承受。

解剖台上放着用福尔马林浸泡过的尸体，尸体面目清晰，散发着难闻的气味。老师说："这具尸体是学校诊所里救治过的一个穷人，死者生前住在济贫院里，死后便成了学校里的教具……"

老师不紧不慢地讲着，可达尔文的心都要蹦出来了，只因为是穷人，是一具无主尸就可以随便拿来做实验吗？他不忍心看老师在尸体上用刀子划来划去，更无法听进老师的讲解，他无可奈何地闭上了眼睛……

下课铃响了，达尔文第一个冲出实验室，跑回寝室做的第一件事就是给爸爸写信：

这具躺在解剖台上的死尸，是那么可怜，他

成了任人切割、任人摆布、任人开粗鲁玩笑的题材，这是我无法接受的……

从此，达尔文再也没有进过人体解剖实验课堂，但与此同时，他却对解剖动物产生了浓厚的兴趣。

在落潮的水坑里，达尔文发现了一种特殊的海鱼，他和罗伯特·格兰特共同认为这是一条罕见的"海鲨鱼"。于是，他们对这条鱼进行了解剖。他对鱼的内部器官，尤其是心脏和心瓣有了更具体的了解。

达尔文可以不上人体解剖课，但学校要求医科学生必须观摩手术的全过程，无论他如何抵触这门课程，都不能违反学校的规定。这让达尔文又一次感受到手术的残忍和病人的痛苦。

在那个时代，手术被医生们看作是一种不得已才选择的手段。许多病人宁肯被病痛折磨死，也不愿意接受手术治疗。

当时的医学还不发达，没有麻醉剂，医生们常常给将要做手术的病人喝大剂量的酒，让病人在酒精的麻醉下失去反抗的能力。病人醉得"睡着"时，就是医生进行手术的最好时刻。

这些事情达尔文早就知道，但当他第一次观摩手术的全过程时，却仍不能忍受病人鲜血淋淋、因疼痛难忍而惨叫的痛苦惨状。

那是一堂现场手术课，病人是一个两腿都患有严重骨髓炎的小姑娘。

小姑娘被迫喝了一大杯酒，眼睛被纱布紧紧地蒙住，嘴里也被塞满了纱布，被人按住四肢放在了手术台上。手术刀在她的腿上划下去，血流了出来，小姑娘发出痛苦的呻吟声，汗水不断从她的身上流淌下来……

达尔文"嚯"地从座位上站起来，跑出教室外放声大哭起来。他感觉医生的手术刀在割他的心，虽然离手术室很远，可他依然能听见小姑娘的惨叫声。

这次现场手术课后，达尔文发誓再也不上一堂手术观摩课了。从此，达尔文制作动物标本时，开始尝试用月桂树和夹桃叶的汁液对动物进行麻醉。

此时，达尔文已经成为普林尼学生自然史学会的成员，这个学会是由詹姆斯教授在1825年创办的，有150名会员，罗伯特·格兰特是学会的秘书长。

不久，达尔文当选为该学会理事会五位重要成员之一，他们每周聚在一起宣读和讨论自然科学方面的著作。

入会后，达尔文在《爱丁堡科学杂志》上发表了一篇关于毛虫卵的论文，并在爱丁堡学术会上进行宣读。这虽然是一些微不足道的发现，但这却是达尔文科学研究工作的起点。从这里开始，他就要一步一步向科学的高峰攀登了。

达尔文刚开始迈步的时候，多么需要得到他人的鼓励啊！要是没有人鼓励他继续沿着这条道路走下去，也许他就会停住已经迈开的步子，向另外的路走去。

这是达尔文永远难忘的日子。在爱丁堡大学的一个地下室里，挤满了来自各个系的大学生。年轻的主席摇了摇铃儿，会场上渐渐肃静下来。主席庄严地宣布："普林尼学会例会开始，谁要发言？"

达尔文正想举手要求发言，一位青年已经抢先站起来。他环视了一下黑压压的人群，紧张得说不出话来，脸涨得通红。人们惊讶地望着不知所措的他，期待着他的发言。终于，他说话了："主席先生，我忘记我要说什么了。"全场哄堂大笑。主席拼命地摇着铃儿，控制会场的秩序，要大家安静。待笑声渐渐小下去以后，主席问："还有谁要发言？"

达尔文已经被刚才的那一幕吓呆了。他的朋友葛兰特推了推他，他迟疑地站了起来。他觉得全场的目光都集中到了自己身上，心里直发毛。达尔文镇定了一下，摸出论文稿子来。管他呢！既然准备好了，就正常进行，于是达尔文照着稿子念起来。由于他的论文条理分明、论据充分，再加上他口齿清晰，论文一念完，会场上就爆发出一阵热烈的掌声。

从自然史学会的记录册里可以看出，普林尼学会举办了 19 次会议，而达尔文仅缺席了一次。

第三节 拒绝神学

1826 年夏天，达尔文和姐姐卡罗琳骑马到北威尔士旅行。他们一路进行了各项考察和研究，共同经历了一段美好的时光。达尔文对海洋动物的考察和研究，让姐姐相信眼前的弟弟再也不是当年那个惹她生气的淘气小孩子了。

通过旅行，达尔文学到了许多生物学和地质学方面的知识，更加坚定了不学医的决心。他鼓足勇气对爸爸说："这两年在爱丁堡的时间白白浪费了，我以后不想做医生，觉得继续在那里学习医学没有任何意义。"

爸爸被他的话激怒了："你整天做实验，为什么就不能把心思放在医学上呢？做一名医生有什么不好！"

达尔文不愿爸爸生气，连忙上前解释道："爸爸，我本来是不想让你伤心的，可是我不愿听解剖尸体的课，更不愿观摩手术课。爸爸，你就让我去学……"

没等达尔文说完，爸爸生气地把大手一挥说："不学医学，就好好补习外文，准备去剑桥大学学习神学……"

这次不愉快的交谈后，达尔文很沮丧，他为父亲的严厉和不理解他而苦恼。于是他骑马来到了梅庄。两年过去了，梅庄还是那个样子。埃玛出落得更漂亮了，她神采奕奕地坐在钢琴前弹奏了一首贝多芬的《英雄》，用优美的乐曲欢迎达尔文的到来。

达尔文很快见到了舅舅，把在爸爸那里受到的"委屈"讲给舅舅听。

达尔文说："我真的不想继续学习医学了，解剖课和手术观摩课让我无法忍受，可我对神学也不感兴趣，为什么爸爸就不让我去学自己喜欢的专业呢？"

舅舅一边聆听达尔文的倾诉，一边安慰着他说："不要怪你爸爸，你爸爸不认为你现在是在学习，他觉得你目前的志向和爱好不是你未来能赖以生存的技能，他是在为你的前途着想，是对你的未来负责啊！"

"舅舅，求求你，帮我劝劝爸爸吧，让我去学习神学不也是在白白浪费时间吗？"

舅舅耐心地开导着达尔文，"你的这个想法是不对的，学了神学，既可以做一名牧师，又可以继续探索自己的爱好。哥白尼、布鲁诺、康帕内拉、牛顿不都学过神学并且担任过圣职吗？神学和科学之间有相通的知识值得你去研究，你可以不把神学看作自己一生奉献的职业，但是神学并不妨碍你研究自然科学，你可以从神学走向科学。"

达尔文和舅舅的这次谈话，又一次扭转了他的思想，转变了他的态度，使他考虑问题的角度比以前更加宽广了。他决定接受舅舅的建议，服从爸爸的安排，去基督学院学习神学。

接下来的日子，埃玛为达尔文补习拉丁文和希腊文，通过几个月的学习，达尔文的拉丁文和希腊文水平完全可以通过基督学院的入学考试了。

又到了与梅庄说再见的时候，又要离开舅舅了，但最难受的还是与表姐埃玛的分别，达尔文不知道怎样说"再见!"

那是临别前的夜晚，在埃玛的房间里，达尔文手里端着一杯葡萄酒，他目不转睛地看着埃玛，坐在他身边的埃玛正深情地弹奏着贝多芬的《命运》。

达尔文如醉如痴地沉浸在音乐声和这种美妙的气氛中，埃玛说："看我演奏时，你就像着了魔。"

达尔文说："我的全部身心都沉浸在贝多芬大师的激情与理想中，音乐中有我幻想的明天，在我的明天里，我看见了你的身影，我的明天属于咱们两个人。"

埃玛说："你的明天一定会是美好的。可现在我很烦恼，向我求婚的人络绎不绝，这让我很为难，不知道怎么去一一回绝。"

达尔文吃惊地说："求婚?! 你才 19 岁，就要谈婚论嫁，也未免太早了点吧?"

埃玛的脸羞红了，达尔文没理解她说这话的意思。她心想，这个书呆子，话说得这么明显他都没明白，于是她又弹起另一首深情的乐曲。

不知什么时候，舅舅出现在房间里，对他们说："夜已经很深了，都该休息了。你们俩一个 18 岁，一个 19 岁，学业还没有完成，事业还没有开始，还不到考虑婚姻的时候。我不反对你们的交往，但你们还小，眼前最重要的还是要完成学业。"

舅舅的话说得很直白，埃玛和达尔文都没有心理准备，听到这番话后，二人都羞红了脸。他们默默地站在舅舅的身边，没有言语，不用表白，却能听见彼此的心跳声。

第四节 珍贵的甲虫

1828 年 1 月 8 日，达尔文成了英国剑桥大学基督学院的一名神学学生。

剑桥大学创立于 1209 年，是英国著名的大学。当年，学校里共有 14 个学院、5 个会馆，达尔文所在的基督学院和别的学院从建筑上看有所不同，教学楼高大雄伟，色彩选用深色调，让人一来到这个环境就感觉到神学的庄重和压抑。

小时候学习《圣经》留下的记忆太令人难忘了，现在又要被迫学习神学，一想到自己要在这里度过三年的时间，达尔文心里就充满了痛苦。

达尔文的堂兄威廉也在这个学院里学习。威廉是个性格开朗、爱好广泛的人，他和达尔文一样，也特别喜欢自然科学。

达尔文来到学院后的第一个晚上，堂兄就领着他去了学院的音乐小组。达尔文从埃玛那里学习了一些音乐知识，这里的音乐又让他产生了兴趣，他开始学唱歌曲，学弹风琴，以排解心中对神学的抵触情绪。他常常把乐曲的原创者名字弄混，歌唱水平也很差，但这丝毫没有减少他对音乐的爱好，这种爱好伴随了他一生。

为了调节在校的学习生活，达尔文还和堂兄参加了学校里的骑马俱乐部。俱乐部一周活动一次，每次出游的前一天晚上，达尔文都把猎枪和靴子放在床边，第二天早上总是第一个出现在马场。

达尔文打猎的技术越来越高。通过打猎，他对动物产生了一种特殊的爱。看到一些濒临灭绝的珍稀动物的时候，他为自己残杀动物而内疚。所以，在他生命的最后 20 年里，他成了第一个站出来阻止猎杀动物的人。

刚到神学院时，达尔文为了能顺利地通过考试，他给自己制订了学习计划。利用晚上的时间，他认真阅读了《皮尔逊论教义》《基督教教义证验论》《伦理论》《自然神学》等神学书籍，还翻译了一些希腊文的《圣经》。尽管他主动阅读了这些关于神学的书籍，然而这并没有激起他对神学的兴趣。

渐渐地，他对一日三次的祷告失去了信心，《四福音书》中让他怀疑的地方更多了。《圣经》为什么要说圣母玛利亚的单性生殖繁衍了人类呢？还有上帝创造了人类和万事万物，这都是真的吗？

为了应付考试，达尔文强迫自己去记这些他不喜欢的东西，邮到家里的成绩单总是让爸爸很满意。可爸爸不了解，达尔文真正的兴趣不在神学，而是在博物学上。

那些对他将来的前程似乎没有一点儿用处的博物学课程，却吸引了他的全部注意力。他常常去听博物学教授的课程。同时，他还继续进行他的野外考察及收集昆虫标本的工作。

在斯蒂芬斯出版的《大不列颠昆虫图解》一书里，记载着达尔文总结出的两种收集甲虫的最好方法：一是在冬天剥开树皮找到甲虫；二是收集船底的沉积物，能找到罕见的甲虫。在这本书里绘制的甲虫图案下面，清楚地写着"查尔斯·罗伯特·达尔文先生采集"。

第五节　终　生　恩　师

来到神学院不长时间，达尔文认识了著名的哲学家休厄尔博士，他是达尔文成长过程中一个关键的人物。

第一次站在这位博士面前，达尔文便说："我喜欢生物学、自然科学，却被父亲强迫来这里学习神学。"

博士笑着说："不喜欢神学和牧师这个职务却要在这里学习，的确委屈了你。"

"我想放弃在这里的学习，可是爸爸的态度却很生硬、坚决。我不想惹爸爸生气，但又无法放弃我热爱的生物学和自然科学。"达尔文仿佛在和朋友谈心。

休厄尔认真地倾听着达尔文的心声，耐心地开导着达尔文："我是主张科学和神学可以并存的人，历史上很多杰出的人物，他们既是伟大的科学家，也是一名神学家。"

用类似的话激励达尔文的，还有一位叫约翰·史蒂文斯·亨斯洛的教授。达尔文与亨斯洛教授的友谊，对达尔文一生影响最大。亨斯洛教授是一个通晓各门科学的人。他在植物学、昆虫学、化学、地质学等方面的知识非常丰富。他的态度谦恭可爱，是一个热爱学生、热爱教书育人的人。

他在一次与达尔文的谈论中说道："科学和神学表面看是水火不相容的，可实际是相通的。当你研究动植物进入到一定境界的时候，你就会感叹上帝的设计太奇妙了。所以你不要放弃神学，而且还要学好神学。"

亨斯洛教授从达尔文身上看到了一种不平凡的气质，非常喜爱这个学生。他常常约达尔文一起散步，带达尔文去郊外旅行。达尔文对亨斯洛教授也非常崇拜，他经常去教授家请教各种问题。

亨斯洛教授送给达尔文两本书，一本是天文学家约翰·赫歇尔的《试论自然哲学研究》，另一本是亚历山大·洪堡的《美洲旅行记》。

这两本书为达尔文打开了认识外面世界的一扇窗户，他仿佛来到了特内里费岛火山，看见了许多种类的热带植物，欣赏了那里的芭蕉和棕榈。那里有清新的空气，数不清的动植物；那里没有奴隶制度，没有剥削和压迫；那里是世外桃源，是人间天堂。

读完这两本书，在亨斯洛教授家里每周举行的聚会上，达尔文提出的问题越来越尖锐，越来越让人无法解答。

有一天，教授在解答完达尔文提出的问题后说："我从来就没有看见过像达尔文这样的学生，他身上的某些特点是许多同龄人无法相比的，我相信未来的达尔文，凭着他的执着和努力，一定会取得很大成就的。"

达尔文赶忙谦虚地说："谢谢教授的夸奖，能和你们结识、交往是我最大的幸福，我愿为建立自然科学的大厦作一点贡献。"

与亨斯洛教授之间的友谊，对达尔文一生的影响最大。亨斯洛教授发现了达尔文这个人才，并精心地培养这株幼苗，带领达尔文走上了科学研究的道路。

第五章

环　球　航　行

　　实践出真知。达尔文搭乘"贝格尔"号进行了历时五年的环球航行。他如饥似渴地进行科学考察，记录科研日记，收集各种标本，为日后提出进化论积累了足够的资料和实证。其间，达尔文经历了洪水、地震，甚至身染重病险些丧命，但这些都没有动摇他考察和研究的信心。达尔文把自己的生命与工作紧紧地联系在一起，把自己献给了科学研究。

第一节 说 服 爸 爸

1831 年，达尔文通过了剑桥大学的毕业考试，但是按校方规定，他必须再过两个学期才能获得神学学士学位。这段时间，达尔文选学了他热爱的植物课程和地质学课程。

在地质学课上，塞奇威克教授讲课时说到这样一件事情："一个地质工人在进行勘探时，掀开冰河时期的表面地层，竟然在一个沙坑里找到了古生热带贝壳。"

听到这里，达尔文站起来说："如果教授您讲的事情是真的，那么将是地质学真正的悲哀，因为这推翻了人们以往的认识。"

达尔文的话让教授感到惊喜，因为能说出这种话的人一定是读了很多书，积累了很多知识，才能认识到科学是由许多有规律的事实构成的。

达尔文在课堂上的表现，给塞奇威克教授留下了深刻的印象，为此他获得了一次野外"考察"的机会。1831 年夏天，达尔文和塞奇威克教授从剑桥出发一起去北威尔士进行地质考察。

塞奇威克教授是一位优秀的野外考察家，为了测试达尔文的胆量和工作能力，教授让他离开考察队，凭着指南针和地图独立走过斯诺卡山区，在巴茅茨会合。这次体验使达尔文积累了很多经验，为他以后的考察工作奠定了基础。

在塞奇威克教授的指导下，达尔文学会了采集岩石标本、标岩石标本的层理以及分析地质情况。

此次考察回来，姐姐告诉达尔文，爸爸已经和利奇菲尔德大主教联系好了，计划在下个复活节授予达尔文教堂副主祭的职务。

如果说学习神学达尔文还能勉强接受，但对爸爸此时对他人生重大选择的这个安排，达尔文是绝对不能接受的，他决定回家和爸爸面谈。

1831 年 8 月 25 日，达尔文回到家，亨斯洛教授的信已早他两天寄到了。亨斯洛教授在信中说，海军部想找一位博物学家随同英国军舰去考察，他认为达尔文是最合适的人选。他对达尔文说："在我所熟识的人中，要算你去做这种工作最适宜。我敢肯定这一点，并不是以为你已是一个完备的自然科学家，而是由于你擅长采集标本和观察工作，并且能够看出所有一切值得被记载到自然史里面去的东西。"

多么了解自己学生的老师啊！他甚至比达尔文自己更了解达尔文。

达尔文本来有许多话要跟爸爸说，但读了亨斯洛教授的信，达尔文什么也不想说了。他拿着教授的信，站在爸爸面前。

爸爸说："你已经22岁了，天性善良忠厚，牧师是最适合你的职业。"

达尔文把亨斯洛教授的信交给了爸爸。

看过信后，爸爸不但没有被信中亨斯洛教授为达尔文的肯定和称赞而心动，却很不高兴地说："我不管这位教授如何赏识你的才华，你是我的儿子，我坚决反对你去做这份冒险的工作……"

爸爸越说越激动，达尔文跟他说什么，他也听不进去，最后无奈的达尔文流着泪跪在爸爸面前。

爸爸说："我是不会动摇的，除非让一个头脑清醒的人讲出你去的理由，否则我是不会同意的。"

爸爸的火气太大了，并且态度很坚决。可达尔文还是从他的话里听到了一线希望。他一面给亨斯洛教授写信联系远航的事，一面寻思究竟去哪儿才能找到一个有力的"说客"呢？

达尔文变得忧郁起来，放弃了这个机会是多么可惜呀！

达尔文陷入了痛苦之中，朦朦胧胧地感觉埃玛来到了他的身边，帮他轻轻拭去眼角的泪水。

想起埃玛，也就想起了舅舅。对呀，舅舅是最爱自己的人之一，为什么不去问问舅舅呢？

来到梅庄，达尔文向舅舅表达了自己渴求知识、热爱科学的愿望，并告诉舅舅与"贝格尔"号一起进行科学考察是千载难逢的机会，他不想因为爸爸的反对而放弃这么好的机会。舅舅决定亲自去什鲁斯伯里做他爸爸的思想工作。

舅舅连夜写了一封信，吩咐仆人先送到达尔文爸爸那里。信里，舅舅回忆了达尔文妈妈生前的情景，明确表达了如果妹妹活着的话，一定会为儿子能去参加英国军舰的航海而高兴。

读完这封信后，爸爸彻夜难眠，他想起了逝世多年的妻子，想起了失去母爱后的达尔文成长的一幕幕……

当达尔文和舅舅驾着马车回来时，达尔文的爸爸已判若两人，他没有再次责问达尔文，而是问达尔文："这次你出去航海要用很多钱吧？"

达尔文说："在海上有足够的食物就可以了，我会节省每一分钱的。"

爸爸说："傻孩子，我可以为你的这次航海提供充足的费用。"

达尔文无法想象爸爸怎么会有这么大的转变，他又一次激动地跪在爸爸面前。

爸爸扶起他说："你妈妈临终前对我说你很聪明，要我对你严格要求，但也要保护你的个性……"

说到妈妈，达尔文又一次流泪了，既感谢爸爸的宽容，又怀念妈妈对他的爱。如果妈妈现在还活着该有多好啊！

达尔文一遍遍说着感谢舅舅的话，舅舅却说："这次的

'说客'不是我，你妈妈才是真正的'说客'！"

"妈妈……妈妈，我不会让您失望的，我会努力创造自己美好的人生！"达尔文站在妈妈墓前深情地喊着、说着，他要告诉妈妈，自己就要去远方航行了，将要成为一名真正的科学工作者了！

第二节　"贝格尔"号

"贝格尔"号是一艘排水量242吨的木船式英国皇家军舰，船身全是由优质桃花心木做成，有3根桅杆、6门大炮和6只供登陆用的小船。该舰曾在菲利普·帕克金、普林格尔·斯托克斯和罗伯特·费茨罗伊三位舰长的指挥下，完成了5年的远航工作。这次航海是受英国女王派遣，去南美洲海域绘制航线图、考察和测量火地岛的南岸、对南海各岛屿进行探访。罗伯特·费茨罗伊担任舰长。

罗伯特·费茨罗伊1805年出生在一个著名的将军家庭里，虽然他只比达尔文大4岁，却有着传奇的经历。他14岁就加入了海军，25岁做了上尉，曾随同"贝格尔"号进行了3年的地质考察。

他对随同考察的每一个成员的要求都很苛刻，他能允许达尔文登上"贝格尔"号吗？

1831 年 9 月 5 日，达尔文和费茨罗伊第一次见面。当达尔文站在他面前时，他说："成千上万的年轻人都很喜欢盲目地外出探险，其中有许多人去了就再也不能回来了。"

达尔文说："能随同您一起去探险，是我向科学迈出的第一步，我有能力面对困难，我相信在探险中得到的快乐要比忧虑多。"

达尔文拿出他的考察日记说："我曾有过一次考察的经历，知道考察并不是一件容易的事，但从喜欢上这个职业的那天起，我就把自己的生死置之度外了……"

达尔文每说一句话都那么坦诚，每一个计划都讲得头头是道，再加上他之前的考察日记的有力证明，舰长终于批准他正式成为"贝格尔"号的一员。

由于这个特殊船员的参加，"贝格尔"号军舰的环球探险增添了科学考察的内容，并由此诞生了一位使生物科学发生了一场大革命的伟大科学家。这位伟大的科学家，使"贝格尔"号军舰作为一只科学考察船而永远载入科学史册。

接下来是为远航做准备。在一位参加过远航的旅行家指导下，达尔文开始购物，花 50 英镑买了一支非常好的猎枪和一箱子弹，花 5 英镑买了一个望远镜和一个指南针，这些是他此次航行考察的主要工具。然后他开始学习如何确定经度和纬度。至于其他要携带的日常生活用品，则由埃玛为他准备。

1831 年 12 月 24 日，达尔文来到梅庄，埃玛依然用琴声默默地为他祝福。埃玛已经 25 岁，出落得亭亭玉立，达尔文深情地注视着她，他多想拉着她的手，跪下来郑重地向她求婚啊！可是一想到将要开始的远航，他不能让埃玛在漫长的等待中打发日子。

从埃玛充满深情的眼神里，达尔文读懂了好多东西，他说："我现在还不能挣钱养活自己，更不能给你一份承诺，此次航行又要很久，你能给我两年的时间吗？"

埃玛注视着他，没有说话，只是默默地点着头，他们的爱已经在彼此心里深深地扎下了根，不需要任何的海誓山盟！

12 月 27 日，在众多亲友的祝福声中，"贝格尔"号起航了，达尔文远航的梦终于实现了！

"再见了，亲人们，没有我在身边的日子，希望你们幸福平安！再见了，爸爸，谢谢您的支持，我一定会为达尔文家族争光的，期待完成这次考察工作后能与您共同分享成功的喜悦！再见了，舅舅，感谢您对我的爱，我多想叫您一声'爸爸'啊！相信那一天就要到来！再见了，埃玛，你的琴声已深深印在我的脑海里，你的身影将与我身心相随，有对你的思念陪伴，我就是世界上最幸福的人。我远离你，是为了做一个配得上你的人。等着吧，等着你心爱的人为你带回珍贵的礼物吧！"

第三节　航海日记

　　"贝格尔"号穿过英吉利海峡，驶入广阔无垠的大西洋，陆地消失了。极目四望，天海相连，军舰好像一片树叶，在以天空为边的一个蔚蓝色的大圆盆里随波漂荡。日复一日，这片"树叶"在大洋里漂向南美洲。达尔文开始履行一个自然科学家的职责：在船尾舵旁安了一个网，捕捉海生动植物。

　　当军舰开到比斯开湾附近的时候，遇到一场大风浪。一阵阵狂风把海水直卷起来，激起一团团浪涛，狂涛把军舰打得摇摇晃晃。

　　晕船成为"贝格尔"号上所有人的第一反应，第一次参加远航的达尔文经历着一场严峻的考验。达尔文打开一本崭新的日记本，在上面写着《航海日记》：

　　　　我真的以为自己快要死了，一阵阵的干呕太痛苦了，那滋味使我感到像是肠子或者胃被撕裂了。我连续呕吐了几天几夜，一点儿东西也吃不下。

　　从此，这本日记伴随着他考察的日日夜夜，记录着他的欢欣与失落。

达尔文挣扎着来到甲板上，用手捻起甲板上的灰尘，仔细地看着，"哦，这不是普通的灰尘，这是岩石灰啊，只可惜太少了。"

达尔文向四周张望着，想找到更多的岩石灰，这是重要的地质标本。终于发现在桅杆上面还有，他向桅杆爬去，水手们都屏住呼吸看着他惊人的一举一动。

费茨罗伊站在甲板上大声喊着："达尔文，快下来，这太危险了！"

达尔文说："舰长，我在岩石灰里发现有生物存在。"

舰长被达尔文的话搞糊涂了："快下来，在这一望无际的海上，哪里有什么岩石灰啊，更不会有什么生物存在。"

达尔文从桅杆上下来，手里粘了更多的岩石灰，他向舰长汇报了自己的新发现："我确定这种岩石灰是从南美洲吹过来的，咱们离南美洲陆地不远了，可是这些小生物为什么会躲在里面呢？我一定要解开这个秘密。"

达尔文的话激起了舰长的兴趣，为了支持达尔文的考察工作，他命令船上的水手赛姆斯·科文顿做达尔文的实验助手。有关这位助手，达尔文在日记里这样写道：

> 科文顿性格很古怪，刚一开始我并不十分喜
> 欢他，觉得与这样一位助手进行沟通和交流是一
> 件很麻烦的事，认为他做我的助手并不合适，但
> 是他学习的悟性很好，对猎枪的使用很在行，特

别是动物标本也做得非常专业。他为我分担杂事，让我节约了不少时间，成了我最好的助手。

有助手陪伴在身边，达尔文工作方便多了。

1832 年 1 月 5 日，达尔文正在船头欣赏大海的景色，突然他看见海的尽头出现了陆地。他们到达了达尔文千百回在梦里见到的特内里费岛。他就要经历当年洪堡描写的那些惊心动魄的场面了。当"贝格尔"号靠近这个岛屿时，船员却不能上去，因为岛屿上正流行着霍乱，他们必须隔离 12 天后才能上岛。

达尔文远远地看着特内里费岛上的曙光，在日记中写道：

　　这曙光是我永远不能忘记的许多令人神往的日子中的第一天的曙光啊！这曙光带给我希望，带给我期待……

海面风平浪静时的美丽，夜晚的宁静与温馨，都让达尔文深深地陶醉，如同进入了仙境一般。

当然，亲临特内里费岛后，达尔文有了更大的收获。

观海潮后，在观察海滩上没有随海水退去的海洋生物时，达尔文发现其中一些生物具有研究价值。他满心欢喜地走进长着芭蕉树和棕榈树的河谷，听着百鸟鸣唱，看着鲜花丛中昆虫飞舞，感受着从来都没有过的情景。

的确，他发现了罕见的珊瑚、优雅的绿草、珍奇的寄生植物、稀有的花朵、闪光的叶丛，找到了海生动物的遗骸，记录了海水洼附近岩石的形态……

每天晚上，达尔文都要把这一天的发现分门别类地记录下来。在整个旅行过程中，陪伴他的是一本《地质学原理》，在当时这是一本禁书。当时地质学上正在发生一场革命，这场革命的首脑是英国地质学家查理斯·莱尔。那时地质学和生物学一样，被宗教迷信统治着。地质学家和生物学家解释一切自然现象时，都以《圣经》第一章"创世纪"为依据，认为宇宙间的一切，都是上帝在6000年前创造的。而莱尔用无数事实证明大灾变论是毫无根据的，地球是缓慢演化而来的，陆地会上升，也会下沉，海洋也是如此。这本书上的观点遭到当时有着统治权力的人的反对，但在"贝格尔"号上，达尔文可以大胆地看。他完全被莱尔的观点征服了，称自己是"贝格尔"号上莱尔的信徒。

达尔文把这本《地质学原理》当作考察的理论指南，把莱尔看成是不曾见面的老师。

达尔文决心要在南美洲寻找莱尔地质学理论的证据。有证据，他就会相信这个理论，发展这个理论；没有证据，他就会反对它。

第四节　思念埃玛

　　航海的日子既惊险又平淡，时光流逝，达尔文一边忙碌于考察，一边思念着埃玛。夜晚的时光在宁静中流淌，船上的水手演奏起了《费加罗的婚礼》《谢米拉米达》乐曲。听着优美的音乐，达尔文仿佛看到了弹奏钢琴的埃玛，听到了埃玛的温柔话语。他在纸上对埃玛倾诉着心里话：

　　随"贝格尔"号军舰旅行，是我生平中最重要的事件，决定了我的整个人生。我热爱科学，热爱大自然，热爱一切动物和植物，在每一块陆地上见到的新奇东西都令我兴奋不已。这是我画的航海线路图，"贝格尔"号沿着南美洲海岸航行，每到一个新的地方，我都有新的发现。

　　我在圣保罗岛上看到了管鼻鹱，它们在多山的近海岛屿上筑窝栖息，在水面低飞，掠食水中的小鱼，傍晚飞回窝里。我对它们的生活很感兴趣，从它们身上我看到了生物间的生存之战。

　　我们发现了九种已经绝灭了的古代四足动物的遗骸。这些绝迹动物和许多现代的动物十分相似，但又不完全相同。大懒兽、巨树懒、磨齿兽，它们与现在仍生活在南美洲的一种叫树懒的动物很相似。特别是一种箭齿兽，跟现代很多种不同类型的动物都有相似之处。

你知道吗？蜥蜴身上的斑点并不是一种美丽的装饰，而是自我保护的体现。你更想不到啄木鸟的双脚、羽毛和喙都是大自然为它精心设计的，在它强健的腿上长着长而宽的趾，趾尖呈钩形，这使它能适于攀登。每一种生物机体都能极好地适应自己的生活习性，例如雨蛙能攀缘树木，还有种子的传播，观察到这些情形，总是让我怦然心动。

在我心中留下最深印象的，莫过于发现那些从来没有遭受到破坏的原始森林了，面对大自然对人类的馈赠，那份庄严和伟大让人自豪和幸福。站在这罕无人迹的土地上，任何人都不会无动于衷，除了呼吸外，不再感觉到自身的存在。

美洲终年温暖、湿润的气候使这里的植物形成大片常绿的热带雨林，无论是热带雨林中的植物还是动物，都让我认识到了物种的丰富性。我的周围尽是世界别处没有的鸟类、爬行类和植物的特殊品种。在这里，我发现了 25 种鸟类的新种，还发现了 100 种植物新种。

我想到一株植物的枯萎，一只动物的死亡，

有时并不仅仅意味着单个生命的有机消失，也许凑巧是整个此类物种的灭绝。加拉帕戈斯群岛是由十九个升出海面的死火山组成的岛屿，每个岛上的气候、土壤特性、地势高度虽然是那样一致，但这些岛屿上的生物种类却不同。更为有趣的是，同样都是地雀，但却有不同长短的喙。组成群岛的各个岛，外界条件是基本一致的，但生物的品种却是各不相同。

我从一大批科学上未知的久已绝迹的古生物化石中认识到，生活在同一个大陆已经绝迹的生物和正在生存的生物之间的绝妙关系。我开始对《圣经》中神造万物万事的说法产生了怀疑，我要从地质学领域，以及化石、贝类或与其他生物极其相似的石头身上寻找更加神秘的根源。

我在圣诞节前来到了好望角，在沙漠里一片辽阔的草原上，看到了地块寥寥处生存的棕褐色的草和灌木丛，了解到食物和植物的奇缺是荒漠的主要特征。可是你不要担心，我们的圣诞节食物很丰富，一只重达77公斤的羊驼，成了我们的圣诞晚宴……

达尔文的信件像雪片一样从世界各地飞回梅庄。舅舅人老了，可是心却不老，他如果再年轻20岁，会与达尔文一同踏上"贝格尔"号远航，去探寻自然的奥秘。如今，每天读达尔文的来信，成了他最快乐的事！

可埃玛把达尔文的信看得紧紧的，舅舅提笔给达尔文写信：以后寄来梅庄的信一定要写清收信人是哪一位，不然我和埃玛之间要有战争了……

第五节 生命的代价

1834 年 6 月，"贝格尔"号结束了在大西洋上的航行，穿过南美洲最南端的火地岛附近群岛间的狭小通路，绕行到太平洋，之后沿着南美洲狭长的智利海岸进行测量。达尔文利用这个时机，在濒临太平洋的国家里进行了三次陆路探险。这三次陆路探险，达尔文收获颇丰。他除了采集到大量的动植物标本以外，还搜集到大量证实莱尔地质学理论的证据。不仅如此，在地质学上，他对珊瑚岛的形成过程进行了考察，并提出了自己的理论。达尔文准备回国以后，去同那位自己崇拜已久的地质学大师进行辩论。

可是，为了这一切，达尔文几乎付出了生命的代价。当军舰航行到智利法尔巴拉索港以后，达尔文带着助手离开军舰做了一次陆上考察。他到这里来的目的是考察近代贝壳层。他们沿着安第斯山脉骑马走到智利首都圣地亚哥，再从圣地亚哥走回法尔巴拉索。

达尔文披星戴月，在安第斯山和山脚的平原连续考察了一个多月。一日，晚霞映红了这片辽阔的平原，在地平线上，遥远的安第斯山露出了被积雪覆盖的山峰，好像浮在海面上一样，远远地望去，那山峰既神圣又亲切。山脚下金矿的工人下班了，达尔文也想找一个投宿的地方。他走近矿井的井口，一个矿工正从矿井里爬出来，身体向前弯曲，用双臂倚靠在梯级上，双腿也弯曲着。疲劳已经拖垮了这个魁梧的汉子。他全身的肌肉都在抖动，满是尘埃的面孔上涌出的汗珠淌到多毛的胸膛上，呼吸急促而困难。达尔文望着矿工，一阵怜悯涌上心头。他伸出手，帮助矿工爬出井口。

矿工爬上来，喘息了片刻，抬眼打量了一下达尔文，感激地说："谢谢！先生从哪里来，到哪儿去？"

"我是英国人，到这一带来考察地质和生物。天晚了，我想找一个地方投宿，不知附近哪儿有可以投宿的地方？"

"如果先生不嫌弃的话，请到我家去住吧！"

到矿工家后，殷勤的女主人摆上饭菜，拿出奇奇酒招待贵客。达尔文不忍拒绝这位女主人的敬酒，不停地往肚里灌这种新酿好的土酒。

这种土酒的威力第二天才显露出来。那时，主仆二人正在安第斯山脚下的一条河谷进行考察。达尔文被一条在岩石上晒太阳的蜥蜴吸引住了。这条蜥蜴把黑色的尾巴翘起，身体的前半部分鳞片闪着鲜蓝的色彩，中间有一道道的横条纹，颜色从头到尾逐渐变淡。达尔文把这条奇异的蜥蜴捉住，正准备放入酒精中制成标本，突然，他感到胃剧烈地疼痛起来。他蜷缩着身体，呼唤着："科文顿，快来呀！"

科文顿正在河谷中采集植物标本，听到主人的呼唤，立即跑过来。他见主人脸色苍白，脸上冒着虚汗，痛苦地蜷缩成一团，但手里还紧紧地抓住蜥蜴不放。他知道主人珍惜标本胜过一切，首先从主人手上接过蜥蜴，放进酒精瓶中，然后将主人平放在地上，焦急地问道："老爷，你怎么啦，哪里不舒服？"

达尔文微微笑了笑，说："没有什么，我躺一会儿就会好的。"

科文顿把达尔文平放在地上，让他休息一会。但见主人休息了好一阵，脸色还没有好转，科文顿焦急得不知如何是好。他望着荒无人烟的河谷两岸，发现不远的地方有一座茅草房。他将主人扶上马，小心地牵着马将主人送到已荒废的茅草房里住下。傍晚，达尔文感觉好些了，他挣扎着爬起来，拿起地质锤，要出外完成预定的考察任务。科文顿见他病成这样还要工作，忙上前劝阻道："老爷，您的病这么严重，好一点再去敲那些石头吧！"

达尔文拍拍科文顿的肩，安慰道："我已经好了，不用为我操心。今天我这一病已经损失了半天时间，现在要设法弥补回来。"

第二天，达尔文继续骑马前进，没走多远，他的胃疼得更厉害了，几乎使他无法动弹，不得不停下来休息。但是，就在这休息的时候，他还到野外去采集动植物标本，并从古代地层里采集了一些很有科学研究价值的海生软体动物的贝壳。以后两天，他感到身体状况越来越糟糕，准备赶到法尔巴拉索就医。但还没有到达目的地，他实在坚持不住，从马上摔下来，一动也不能动了。科文顿骑马飞奔进城，雇了一辆马车，将达尔文送到法尔巴拉索城里的智利教师科尔菲德家里。

达尔文在科尔菲德家里躺了一个多月，在这期间费茨罗伊舰长派了军舰上的助理外科医生为达尔文治病。在医生的照料下，达尔文转危为安。当他能够拿起笔来继续写他的《航海日记》时，他没有为自己的健康受到损害而唉声叹气，却为损失了宝贵的时间而叹息。

第六节　思念家人

在航海考察中，每次见到陆地，达尔文都会采集大量的动物和植物，一部分制成标本，一部分用来解剖化验，而另一部分则寄给亨斯洛教授。

亨斯洛教授是与达尔文保持联系最多的一个人，达尔文寄回来的宝贵资料和标本让他很高兴。

事实证明，达尔文没有辜负亨斯洛教授的期望，和费茨罗伊舰长合作愉快，成了"贝格尔"号上一百多人的中心人物，更是日渐成长的一位优秀的科学家。水手们有了什么难题，都来请教这位"先生"；当他有了新的发现，又成了"亲爱的老哲学家"。达尔文的热情、豪爽和才华，使他获得"贝格尔"号上所有人的尊敬。

达尔文说："原来的远航计划是两年，可现在快五年过去了，我们还是不想回到出发的地方，越往前走，离祖国和家乡就越远，船上的人就像一家人一样相处在一起。"

谈到家人，达尔文真的想家了，长年在外，不想家是不可能的，写封家书吧，报一声平安，送一句祝福，让爸爸安心，让家人放心。

自从踏上"贝格尔"号后，书信是他和家人联系的唯一纽带。有一次，收到家人来信后，他竟放声哭了起来。因为那一天，他同时收到了姐姐、哥哥、妹妹和爸爸的来信，每一位亲人的来信都写得那么感人，让他思念家乡，思念家人。

"贝格尔"号带给达尔文的晕船感觉始终没有完全消失，他一直都在接受心脏病和晕船的折磨。其实这种感觉并不完全是由晕船造成的，这是达尔文家族的通病，是一种遗传基因所致。

但当时达尔文却不知道自己的这种症状是家族人的通

病，而认为自己得了重病，甚至有时想到自己可能会死在船上，再也回不了英国。他在日记中写过这样一段话：

> 无论我怎样想方设法排遣，在普利茅斯这两个月是我迄今为止最痛苦的一段经历。一是思念家人和爱人，二是担心自己心律不齐，我确信自己得了心脏病。可是我没有去看医生，怕他说我不适宜航海。我是下定决心了，无论有多大的危险也要继续留在"贝格尔"号上，继续航海考察。

从达尔文的话里可以看出，他身体有病已经很久了，但为了航海考察，他早已置自己的身体于不顾。

达尔文含着泪给家人写信：

> 爸爸、姐姐、哥哥、妹妹，我离开家乡、离开你们已很久，我想念你们。虽然我一直身感不适，但我不会因为身体情况而错过这个远航的机会，如果那样，我想我在坟墓中也不会安息的，我会变成一个幽灵出没在英国的博物馆中……

信寄出后，达尔文很快接到了爸爸的回信。爸爸不愧为一位名医，通过读信就知道儿子患了什么病，并详细地告诉他应该服用什么药。

这是爸爸寄来的一封家书，也是爸爸为他开下的一剂药方，达尔文的心病治好了，身体也在渐渐康复！

第七节 一路走一路学

1835 年 2 月，"贝格尔"号告别了合恩角，沿着南美洲西海岸行进。2 月 20 日，到达智利后，达尔文和助手正躺在海边的森林里休息，可怕的事情发生了。大地忽然晃动了起来，树木也跟着晃荡，海里掀起了巨浪。达尔文头晕目眩，觉得情况很不妙——发生地震了！当时的情景正如他后来用文字描述的那样：

> 猛烈的地震马上打破了我的想法，这个象征坚固不破的地球，竟好像液体表面的薄膜一样在我们脚底下摇动起来。这一刹那，我产生了一个奇怪的想法，在短暂的时间里我想到了地质学、地球的产生和变化等，这在平时是经过几个小时的仔细考虑也不会产生出来的想法。

在这次地震中，达尔文和助手都幸运地逃过了劫难，他们的身上虽然都受了伤，但却没有生命危险。

在人们的祈祷声中，达尔文想到自然界曾发生过多次的地震，是地震导致了地形的变化。亲历这次地震后，他对科学真理充满了崇敬，对大自然的一切都心存敬畏，他决心向上帝挑战。

这一时刻，达尔文内心开始有了一个大胆而又具有革命性的想法，他认为这样强大的地震是自然界中一个小小的变故，自然界本身对物种具有选择作用，现在世界上的一切不是上帝创造的，而是自然界自己创造着、变化着、更替着的。达尔文把自己的想法和经历写下来寄给了亨斯洛教授。

亨斯洛教授在写给达尔文的回信里说，达尔文的想法是有革命性意义的，他的一切荣誉即将达到最高峰。

然而达尔文想到的却不是荣誉，他想看到更多离奇的景象，想有更多的经历，但经历这次地震后，他病倒了。此时"贝格尔"号军舰上正发生着"经济危机"，达尔文的生命险些丢在途中……

病好后，达尔文突破了原定的研究计划，将研究范围扩大，原来只想探寻地质学和生物学的奥秘，而现在他要思考地球的演变、自然界的由来等问题。此时脑子里需要解决的问题太多了：是什么力量创造了美丽的自然界？为什么动物、植物的化石虽然有着古老的历史却又和今天的那么相似？物种真是按照上帝创造的数目不增不减、千古不变吗？这些问题既是自然科学问题，但也属于哲学范畴。

到盐湖时，他找出了这个湖能产盐的原因，还和岛上的火烈鸟成了好朋友。这种鸟个头较小，颈和腿细长，身上的羽毛很短，当地的高楚人习惯把它称作鸵鸟。当达尔文告诉他们什么样的鸟才是鸵鸟时，这里的人又把这种鸟改称为"达尔文鸟"。

在加拉帕戈斯群岛，他理解、同情黑皮肤的土著人，痛恨殖民统治残酷地杀害和贩卖奴隶的行为。他想，印第安人、黑人，难道真和欧洲人有高低贵贱之分吗？到底谁是野蛮人呢？这些见闻和思索对他以后思考人类的起源问题起了很大的作用，也使他心中滋生出深沉的人道主义来。

他一路走着，唱着流浪的歌，每一个音符都是那么凝重，每一段曲子都记录着他的一段经历。

就这样，达尔文边走边看，边学边记，越过了"三大洋"，来到了澳大利亚，每到一处都有他独具慧眼的新发现！

第六章

幸 福 家 庭

　　幸福的家庭造就成功的伟人。达尔文环球考察回来后，和相爱十多年的表姐埃玛结婚了。之后他们的儿子和女儿相继出生，组成一个幸福快乐的家庭。埃玛无尽的爱是达尔文努力工作、成就辉煌的动力，同时埃玛还是他工作上的助手，进化论的一半功绩应属于埃玛。

第一节 归　来

军舰在澳大利亚悉尼港停留了一段时间后，驶入印度洋，绕过非洲南端的好望角，从地球的另一面回到大西洋。"贝格尔"号经过四年多的航行，整整环绕地球跑了一圈后，回到巴西萨尔瓦多港。"贝格尔"号从萨尔瓦多港出发，经过佛得角群岛、亚速尔群岛，向英国疾驶。1836年10月3日，"贝格尔"号驶进了英国的法尔茅斯港，站在甲板上的达尔文终于看见了熟悉的英国村庄，他的眼角湿润了。

"到了，终于到家了！"船上的人们欢呼起来。

10月5日，五年前为达尔文送别的亲人们又一次相聚在码头，达尔文回到了什鲁斯伯里，回到了亲人的怀抱。

五年了，爸爸老了，头发花白了。而爸爸眼里的儿子是伟大的，并且成了家族的骄傲。舅舅也来了，手里多了一根拐杖，可眼睛依然是那样的炯炯有神。还有哥哥、姐姐和朝思暮想的埃玛。亲人们都来了，要说的话真是太多了。

家人眼中那个皮肤白皙、活泼健康的小伙子，现在已变成一个又瘦又高、面色深棕、头发稀疏的年轻人。他表现出来的坚毅与沉稳，让人很自然地想到这几年来他经历的苦难和艰险……

达尔文与亲人们小聚一天后，就忙着去见恩师亨斯洛教授，向教授汇报自己的航海考察成果。从恩师那回来后，达尔文就开始紧张地工作，写报告，写论文，整理航海日记和带回来的标本。

爸爸太想念儿子了，经常到达尔文的房间注视着儿子的工作。达尔文顾不上和爸爸长时间交谈，抱歉地说："我在同亲人见面后高兴得头脑完全发了昏，可是带回来的这些岩石、化石，动物、植物标本却又不能给我太多的时间。"

爸爸说："早在你回来之前，家中就收到了邀请你去做报告的信。"

达尔文说："我实在没有时间，我还要到伦敦找一份工作，我要做的事情太多了！"

达尔文还是被一些科学家请去出席盛大的宴会。他在动物学会上做了《关于美洲鸵鸟的报告》，在地质学会上做了《关于智利海岸线的上升的报告》，宣读了《关于腐殖土在蚯蚓作用下形成的报告》。

达尔文每天都将时间安排得紧紧的，连亲人们想和他说些知心话的时间都没有。为了工作，他无法太多地去想亲人们的感受，但他又不得不在疾病的折磨下成为爸爸的患者。

爸爸说："你的感觉太敏锐了，什么事情对你都能产生刺激，这是最伤身体的。"

达尔文连连叹气，"不是我的思维有毛病，而是身体不争气。"

爸爸心疼地说："任何病症的形成都是有原因的，你这样拼命地工作，不让自己得到休息，就是金子做的身体也会有损耗的。"

"心悸、多梦、失眠总是伴随着我。"达尔文告诉爸爸。

"消化不良、头昏眼花才是你真正的病态，而病因是你的大脑太疲惫，休息时间太少，身体吃不消了。你必须听我的话，按疗程服药，按时休息，否则你的头发就会全掉光，你就会成为一个年轻的小老头。"爸爸必须让他明白他当前的状况。

达尔文听话地点了点头。

然而，达尔文并没有真正地听话，病还没有好，他就又开始工作了，这些病症一直伴随了他一生。

他来到剑桥大学，开始住在亨斯洛家中，后来在剑桥街上找了一间房子住下。亨斯洛教授为了学生的事业四处奔波。他帮助学生寻找协助整理标本的专家，向财政部申请拨款资助出版《"贝格尔"号上的动物学》一书。亨斯洛教授甚至替学生谋取了一个高贵的职位——英国地质学会的秘书。

1838 年 2 月 16 日，达尔文成为地质学会的秘书，这是他的第一份正式工作。他开始有薪金了，经济可以独立了，固定的工作给了达尔文很大的安慰！

用五年时间去做环球考察，达尔文独守着那份孤独和执着，终于成为英国科学界升起的新星。归来后的达尔文再也不是那个跪在爸爸面前苦苦哀求的小伙子了，所到之处都有鲜花和掌声。五年的耕耘，让达尔文有了沉甸甸的收获！

第二节　美　满　婚　姻

自从考察回来后，对于和埃玛的婚事，达尔文心里早就想过，只是事业和婚姻之间有矛盾。他一直向往美好的婚姻生活，与自己心爱的人早日生活在一起，共同体会人生的美好，共同创造属于他们自己的生活，可几篇论文获得的奖金，又怎能让他成为"一家之主"啊！爸爸已经为他远行考察拿出了一大笔钱，如果再为他操办婚事破费，他怎能安心呢？

直到1838年，达尔文有了一些积蓄，他穿着一身新衣服来到了梅庄，他把自己的工作和收入情况汇报给舅舅。

舅舅说："我和你爸爸多次谈到你和埃玛的事，我们都希望你们能结为夫妻，让我们两家的关系再近一层。可是你远航回来后，几次来梅庄，心思却总放在打猎和寻找标本上，难道你对我和我的家人有什么想法了吗？"

达尔文说："舅舅，你误会我了，我一直把您和您的家人看作自己最亲的人，您对我的鼓励与开导使我转变了很多不成熟甚至是错误的想法，对您和您家人，我深深地欠下了一份情。如果没有您的帮助，我是不会取得成功的。"

舅舅笑着说："我和你爸爸一样，为你取得的成绩感到自豪和骄傲，我们是不需要你报答的。"

"舅舅，谢谢您了解我的心愿，其实在我的心里，您和我爸爸的位置是相同的，我幻想着有一天称呼您'爸爸'。现在我有工作了，有经济能力了，可以组建家庭了，我想向您的女儿埃玛求婚，您能成全我们吗？"

舅舅噙着泪花，点了点头，"傻孩子，还不快到埃玛那里去看看她……"

多年以后，达尔文和儿子谈到自己晚婚的原因时说："年轻时我没有固定工作，没有经济基础，我不能依靠你爷爷或者梅庄来养家糊口。另外，我在青春期对夫妻的认识很模糊，甚至以为那是人类生活中最不好的事情，根本没有认识到爱情能使它变得更加纯洁、美好。"

这是达尔文迟迟没向埃玛求婚的真实原因。此时，他正向埃玛的房间走去，他的心跳加速了，脸上出现了红晕。

埃玛正深情地翻看着达尔文的旅行照片，她被照片里的景和物深深地吸引了，达尔文突然出现在她面前，她不好意思地低下了头。

达尔文说："五年的远航，浪费你很多宝贵时间为我整理照片和资料，现在我有工作了，有经济能力了，我要送给你一份礼物。"

埃玛说："你旅行时寄给我的东西，我都一一保存着。

这些年来，正是这些信件和照片与我相伴。有些时候，我也确实能感觉到你爱我，而且我也清楚地知道我是爱你的，可是你为什么一直不对我说呢？"

达尔文把埃玛拉进怀里，在埃玛的脸上轻轻地吻了一下，说："你这么年轻漂亮，能接受我的求婚吗？"

埃玛说："我早已不是当年那个少女了，心早就给你了，你应该能感觉出来。"

达尔文笑而不答，忙把准备好的钻石戒指给埃玛戴上。

埃玛深情地注视着他，说："我是世界上最幸福的人了！"

达尔文满心疼爱地看着埃玛说："你是世界上最好的妻子！"

两颗相爱的心经过十多年的历练终于可以连在一起了，他们深情地拥抱在了一起。

"达尔文向埃玛求婚了！"这个好消息像长了翅膀似的在亲友间传递着。爸爸和舅舅更是欢喜，爸爸对乔赛亚说："你我两家本来就有许多纽带连接，我相信他们俩的结合将会使我们更加亲近，让我们的家族更加兴旺。"

1839 年 1 月 29 日，在达尔文 30 岁生日前夕，达尔文和埃玛在梅庄的教堂里举行了婚礼。婚后，他们在伦敦租了一所房屋住下，过着甜蜜而平静的生活。达尔文日日夜夜伏案撰写科学著作，埃玛精心料理家务，使他不为日常的衣食操心。不仅如此，埃玛还是他科学工作的顾问和助手。从此，达尔文有了一位世界上最好的妻子，在美丽、善良、贤惠的埃玛的陪伴下，达尔文攀登上了一个又一个科学的高峰！

第三节 唐恩花园

新婚的达尔文夫妇去威尔士度蜜月，然而就是在蜜月旅行中，达尔文也没忘记工作。埃玛说："我不但嫁给了你，也嫁给了你的事业。"埃玛做了达尔文的新助手。

和谐的生活，默契的配合，辛勤的劳动，产生了丰硕的成果。在回国后的短时期内，达尔文发表了大量的论文和著作。达尔文的第一部重要著作《"贝格尔"号之旅》出版了。这是一部在当时非常成功的著作，它的第二版，仅仅在英国就销售了一万册。后来，这部书被译成多种文字，在世界各地广为流传。

埃玛虽然比达尔文大一岁，看起来却显得比达尔文年轻好几岁。她把所有的温柔都给了达尔文，即便后来由于疾病，达尔文的脾气变得越来越暴躁，埃玛也没有和他发生过一次争执。

埃玛是个贤妻良母，她关心体贴达尔文。从娘家带来的丰厚嫁妆，让他们婚后过着衣食无忧的生活。能够拥有埃玛的爱，是达尔文人生成功的一大动力，它的价值绝不亚于达尔文创造的著名学说。

婚后，埃玛充当了家庭女主人的角色，家里不管来多少客人，她都能把家宴准备得妥妥当当。达尔文和埃玛也经常被请去参加各种宴会，大家对埃玛的夸奖让达尔文很骄傲。

在伦敦居住的短短三年多的时间，达尔文除了写作出版一系列科学著作外，还发表了十余篇地质学和生物学论文。好奇心使他对周围的一切事物进行细心地观察和研究，探索各种奇异事物的成因，往往从这些看似平凡的研究中获得不平凡的结果。

1839 年 12 月 27 日，一个男孩出生了，达尔文做了爸爸。达尔文抱着这个可爱的孩子，快乐非凡。

"埃玛，给儿子取名'威廉'吧，我太喜欢这个胖乎乎的小家伙了。"

达尔文常常盯着孩子看好长时间，埃玛劝他说："不要长时间看孩子，会把眼睛看花的。"

达尔文看了看妻子，又看了看小家伙说："你不懂，我是在观察他的表情。"

埃玛不解地说："孩子太小了，他的喜怒哀乐还不能表达出来啊。"

"这你就错了，刚出生的孩子，思维、听力、表情都是有的，只是表达的方式没有那么明显，人们往往会理解为他没有表情。"达尔文向埃玛解释着，"一个生命的诞生是一个很伟大的过程，在胚胎的发育初期，它具有尾，随着发育，胚胎的尾消失。人类孕育的过程也演绎了人类自身进化的过程。从今天起我不但要天天观察儿子的表情，还要写观察日记，要从他的表情里找到自然的起源。"

埃玛俏皮地说："那你不就成了高级保姆了吗?"

达尔文笑着说："在我没起草完《论感觉的表现》一书之前，我会寸步不离这个孩子的。"

埃玛笑了，多么稀罕的想法，他要研究婴儿的表情问题。她还不能完全理解达尔文这样做的真实用意，只是认为父亲爱孩子的情感应是如此强烈吧。

威廉一诞生，达尔文就开始记录儿子的各种表情和动作。在最初几天里，他记录下儿子打喷嚏、打嗝、打哈欠、伸懒腰、吃奶、叫喊这些反射动作。同时，观察在发生这些动作时儿子肌肉的活动情况。到第七天，他开始在儿子身上做试验了。他用一片纸去触动儿子的脚心，他发现，儿子很快把脚缩回去，脚趾紧挤在一起，像年纪较大的小孩在受到搔痒时发生的情形一样。

1841 年 3 月 2 日，一个叫安妮的小女孩诞生了，她得到父亲更多的宠爱。达尔文的观察材料更丰富了，他可以对照男孩和女孩不同的表情活动，得出一些重要的结论。

在小威廉出生 15 个月之后，达尔文用文稿《论感觉的表现》和新出版的著作《珊瑚礁的结构与分布》来迎接两个孩子的到来。

风和日丽的日子总是特别美好。埃玛坐在花园里给孩子们讲故事，达尔文往往在书房里潜心从事研究工作，这是一个多么幸福的家庭啊!

然而就在这时，达尔文的身体开始出现了虚弱的迹象，在环球航行时得的那种莫名其妙的病发作的次数越来越频繁。一遇到激动或工作过度时，他就头晕、目眩、呕吐、胃痛、全身剧烈地颤抖。特别是那些不得不去参加的社交活动和频繁的应酬，使他每次都在病床上躺很久。

为了能让达尔文躲开社交活动，能在安静的日子里调养身体，埃玛建议买一座别墅，换一个新环境。

1842 年，达尔文夫妇在伦敦郊外肯特郡的唐恩镇买下了一座名叫唐恩花园的别墅。唐恩镇位于一块海拔 180 米左右的高地上，这里离伦敦约 24 千米，高地四周散落着一些矮林，从高地上可以俯瞰山谷中平静的耕地。

这个新家有着浓重的田园风味，到处散发着恬静幽雅的气息。这所住宅有一个宽敞的花园，在花园后边约 100 亩的土地上，达尔文用一部分开辟了一个菜园，还在菜园中盖了一个供试验用的玻璃花房。剩下的 70 亩地，长满了橡树和榕树，形成了一片十分喜人的树林。

在唐恩花园，达尔文的身体渐渐好了起来。他的脾气也有了好转，也会给孩子们讲故事，教他们认字，给他们讲做人的道理，把他们送进最好的学校去接受教育。

的确，在唐恩花园里，孩子们享受到天伦之乐的同时，也接受了优质的启蒙教育。

唐恩花园是个美丽的地方，达尔文在这里一直生活到生命的终止。这里也成为他生活和工作最久的地方。

第四节　遗　　书

唐恩花园的四周森林茂密，每逢夏季，林间盛开着果树花，百鸟鸣叫，蝴蝶翩翩起舞，还有田野、小河，这里比梅庄还要美丽。

达尔文在唐恩镇定居以后，除了接待少数亲友的来访，每隔一段时间到伦敦和剑桥去一次以外，他把绝大部分精力都集中到科学事业上。

那时，达尔文在动物学和地质学上的那些卓越的著作和论文，已使他在当时最优秀和最有创造性的自然科学家中占据了稳固的地位。他已经成为英国皇家学会的会员。同时，他那部引人入胜的《“贝格尔”号之旅》，使得他在一般公众中赢得了极高的声誉。

一次生病，达尔文深情地对妻子说：“埃玛，你这样照顾我，使我觉得即使生病也是快乐的。”

埃玛说：“别说这些让我心痛的话，虽然只有在你生病的时候，才能有更多的时间同我在一起，但是我宁肯少和你在一起，也不想让你的肉体饱尝痛苦，我希望你是健健康康的。”

达尔文凝视着妻子，感动地说：“你是世界上最善良的妻子，你的价值比黄金还要宝贵。”

在唐恩花园，埃玛为达尔文制订了科学的作息时间表：早晨 7 点起床散步，7 点 45 分吃早饭，上午 8 点半到 11 点半工作；中午休息的时候由埃玛陪着散步或者朗诵小说；下午 1 点半到 4 点工作；晚饭后欣赏埃玛弹钢琴，或者同埃玛下棋，7 点半到 9 点半工作，10 点就寝。

这份作息时间表，达尔文整整遵守了 40 年，即便外出开会或者做报告时，他也希望埃玛能陪在身边。

1844 年秋天，达尔文开始写《物种起源》的论著提纲。他研究了自然选择和地理分布那几节，有了正确的判断，就等着有时间用文字把这些理论表达出来。可这时，他又一次病倒了，且病得很重，这让达尔文想到了死亡！

在同疾病作斗争时，达尔文被病痛折磨得想到死或许是快乐的，可是一想到他的著作还没有写完，他就害怕自己会死去。

他躺在长沙发上，忧心忡忡地翻阅着提纲。他想到这个提纲很可能会随着自己的死亡而永远埋葬，心里感到一阵阵痛楚，热泪禁不住流了下来。

"如果我真的死了，我的理论同我一起被埋葬，这将是科学上的一个损失。并且我与大多数学者的看法不一致，他们就不能接受，即使我的书出版了，也不会找到支持者。如果我死了，就没有时间阐述、解释我的观点了。"达尔文这样对埃玛说。

埃玛心疼地安慰着他，"我相信上帝是不会让你这样优秀的人才早逝的，你会有很多时间写《物种起源》的。"

达尔文说："我学过医学，知道自己的身体情况，我舍不得没有研究完的课题，还有孩子和你。如果我突然死了，我的理论、我的思想、我的工作、我的妻子、我的孩子怎么办啊？不行，我要写遗书！"

虽然埃玛极力反对，可达尔文还是挣扎着起来写遗书，他写道：

> 我愿意让亨斯洛教授来出版我的《物种起源》的概要，我希望莱尔先生能承担书的编者，伦敦的福勃斯是第二个合适的编者，虎克博士是一个好人……我刚写完《物种起源》的概要，如果将来人们能够接受我的理论，那将是科学上的一大进步。如果我骤然死去，这封信算是我最庄严的最后的遗愿。我请求埃玛拨出 400 英镑来做出版的费用，把我的概要同那笔钱一起交给一个有资格的人，以便促成他去努力修改和扩充概要。

遗书写完了，达尔文审查了一遍后，在上面签了字。亲人们痛哭不止，他毕竟才 35 岁啊。

父亲听说后，亲自赶来唐恩花园为他治疗，科学院也积极想办法为达尔文寻找良医。在众多人的悉心照顾下，达尔文的病渐渐好了！

当达尔文又重新进入工作状态时，他说："我的生活过得像时钟那样规则，当我生命告终的时候，我就会停止在一个地方不动了。"

当疾病不再成为主要危害时，工作成了他的乐趣。那封遗书永远留在亲人和朋友的记忆中，成了一个历史故事。目睹达尔文孜孜不倦工作的样子，人们再回过头来去想他写遗书的事，会认为他遗嘱立得太早了，然而这却成了达尔文苦苦探索物种起源的见证。

第五节　失　女　之　痛

达尔文的家庭生活是愉快和幸福的，但随着孩子的相继出生，要想维持一个宁静的工作环境，是有一定困难的。

达尔文为了磨砺战斗的武器，继续阅读各种书籍，做各种实验，搜集进化的事实。他不仅研究了家鸽的起源，他还研究狗、猪、马、牛等家养动物的起源，研究谷类、小麦、花卉的起源，研究各种野生动植物的起源。

达尔文的研究所涉及的资料非常多，工作量大得惊人，他用罕见的意志力，利用着身体状况允许的每一分钟。埃玛规定：每天除了清晨打扫房间的仆人外，其他人不准进入达尔文的房间，埃玛叮嘱孩子们："经过爸爸的房间时，一定要轻手轻脚，不要打扰爸爸的工作……"孩子们听话地点着头。

有一天，4 岁的儿子弗朗西斯经过爸爸的房间，在好奇心的驱使下，不顾妈妈的叮嘱，推门走了进去，扑进爸爸的怀里。

达尔文说："妈妈没有告诉过你，在爸爸工作的时间里不允许随便进爸爸的房间里来吗？"

儿子说："妈妈说了，可是我现在有钱了，我来雇你陪我玩一会儿。"

"钱？什么意思？"

儿子摊开手掌，露出了手里的六便士，说："爸爸，我不是随便来打扰你，我给你六便士，你陪我玩一会吧。"

达尔文被天真可爱的儿子打动了，他深情地抱起儿子说："看来，一个人要拒绝收下这六便士是不太可能的事，今天爸爸破例提前结束工作。你的这六便士不但可以雇我陪你玩一会儿，还可以把你的哥哥、姐姐们都叫来一起玩。"

"爸爸答应陪我们玩一会儿，快来啊！"弗朗西斯在爸爸怀里兴奋地喊着。

孩子们听见这样的话，纷纷从自己的房间跑出来，围在爸爸身边。

埃玛听达尔文今天破例要陪孩子们玩一天，也加入到陪孩子玩的行列里来。

有爸爸、妈妈陪着玩真是太有趣了，孩子们争先恐后地问爸爸："下次什么时候有时间陪我们再玩一次？"

达尔文说："一定会的，等我写完这篇稿，就再陪你们玩。"

孩子们高兴地欢呼起来，埃玛却对孩子们说："不允许再发生'六便士'的故事，爸爸的时间太宝贵了！"

在孩子们处于幼儿的这一时期，达尔文出版了《"贝格尔"号之旅的动物学》《古生物哺乳类动物》《现代哺乳类动物》《鸟类》《鱼类》《爬行类动物》等著作。随着这些作品的问世，达尔文的名气也越来越大，每天还要处理大量的读者来信，时间变得越来越不够用了。

这样的工作狂，怎么能有时间陪孩子们玩呢？他给了孩子们一个没有期限的承诺。

1848 年 11 月 15 日，达尔文的爸爸在多次中风之后，永远地闭上了双眼。丧父之痛使达尔文本已虚弱的身体更加无法承受。直到 1851 年，达尔文心中对父亲的思念才渐渐淡下来。

1849 年 4 月 23 日，达尔文 10 岁的女儿安妮死于猩红热。父亲老了，死亡是他的归宿，而安妮才 10 岁啊，那天真烂漫的笑脸仿佛还在眼前，那是一朵美丽的鲜花啊，还没有开放却过早地枯萎了，这太残酷了！

达尔文又一次病倒了，他太爱这个大女儿了，从她出生那天起，安妮就成了他的最爱，安妮的病打断了达尔文的实验。起初，安妮只是常常呕吐，他和埃玛认为这是无关紧要的事。但是，安妮的病很快地就变成了可怕的低热症。他们请了很多医生来医治也不见好转。到第十天，安妮已经奄奄一息，生命垂危了。

多么可爱的宝贝啊！在严重的疾病面前，10 岁的安妮好像一个小天使一样，从没有抱怨过一次，体恤着日夜守护她的父母，用温柔的态度感谢父母为她做的每一件事。

他拿起听诊器听了听女儿的心跳。心跳停止了！听诊器掉到地上，达尔文昏了过去。

达尔文的身体太虚弱了，哪里经受得住这样的打击，疾病给他带来了痛苦，他躺在病床上无力地呻吟着……

达尔文在床上躺了许多天，什么事也不能做。一天下午他躺在会客厅里的长沙发上午睡。在朦胧中，他看见死去的安妮旋舞着，从院子里向他奔来。达尔文一惊，猛地清醒过来，但他没有睁开眼睛，希望再在梦中看见安妮。孩子化作动力，达尔文挣扎着爬起来，继续工作。

1853 年，达尔文终于完成了撰写长达八年的《蔓足亚纲》。同年 11 月，达尔文荣获了皇家学会的皇家奖章。此时的达尔文身体状况更不好了，用什么办法也不能让他进入睡眠状态。医生建议给他用麻醉剂，达尔文却不能接受，他说："如果没有了清楚的思维，也许不会有这么多的苦恼，可是我却真的不能不想我心爱的女儿安妮啊！"

达尔文牺牲了亲情，牺牲了健康，换来了科学研究道路上的累累硕果。一个人，一个科学家，没有付出，就没有收获；没有牺牲，就没有成就。

第七章

伟大事业

　　《物种起源》《人类的起源》的出版在整个科学界激起千层浪，宗教势力的阻碍和压迫，最终也无法阻挡科学真理的传播。达尔文的进化论是生物学的革命拐点，为现代生物学的发展指明了方向，使生物学得到了长足的进步。科学巨匠的伟大理论对科学发展起了巨大的推动作用！

第一节　人类祖先

二十年过去了，年轻的达尔文由于工作的劳累和重病的折磨，未老先衰。他的头发全部掉光了，宽大的额头上印着深深的皱纹，背驼得十分厉害。

伴随着身体变化的却是他在科学道路上的斐然成就。这二十年中，达尔文不只是研究那些令人伤透脑筋的疑难问题，他还要搞清楚自然界的各个物种是怎样利用自然选择发生和发展成目前这个样子的。

1855 年，达尔文 16 岁的大儿子威廉已经是一名大学生了。一天，威廉从学校回家，正赶上爸爸休息。他拿着一只小鸽子来到爸爸面前说："爸爸，这是一只刚出生一周的小鸽子，你看它多可爱啊！"

洁白的小鸽子听话地站在威廉手里。达尔文看着鸽子，眼睛顿时有了光亮，问："这只鸽子是从哪里弄来的？"

威廉说："学校里喜欢鸽子的人很多，这些人组织了一个俱乐部，我是那里的新成员。"

达尔文说："鸽子繁殖很快，很容易养，又不占很多地方。对啊，现在我正在研究植物和动物的变异性，我为什么不从鸽子入手呢?"

威廉说:"太好了,我可以帮助您收集有关资料。"

"我还知道家鸽原始的模样呢,真是让人难以置信,这么温顺的鸽子,它的祖先竟然那么野蛮、那么难以制服。"威廉接着说。

达尔文说:"把你能找到有关鸽子的资料全拿给我好吗?"

威廉点了点头,他很高兴,他像爸爸小时候一样喜欢小动物,现在和爸爸有共同谈论的话题了,还能帮爸爸收集资料,他感到很自豪。

第二周,威廉给爸爸带回来一些鸽子。达尔文给鸽子建了一个新家,大量地饲养起来。

为了更好地研究鸽子,达尔文还加入了养鸽协会,并把自己的问题寄给家禽专家捷格特迈耶尔和福克司。他在信中说:"我对鸽子进行详细研究而获得的资料是非常宝贵的,它向我说明了在家养状况下鸽子变异方面的许多问题。"

在成为养鸽俱乐部里"特殊成员"后,1856 年,达尔文开始写《物种起源》一书。

从这以后,他的孩子们开始像他小时候一样,收集各种动物和植物,并制作成标本,为爸爸的研究工作准备资料。

通过研究各类动物的胚胎、骨骼结构及器官构造，达尔文清楚地看到了鸟类、鱼类、哺乳类动物在 100 代甚至 100 万代以前是什么样子。他发现自然界的各大类物种都起源于少数的古代祖先，并得出一个结论：一切脊椎动物，包括人在内，远古时期一定有一个共同的祖先。自然界中目前存在的物种，是在自然选择的作用下，逐渐由这些远古的祖先分化、发展而来。

1858 年，达尔文就《物种起源》的观点和阿尔弗雷德·拉塞尔·华莱士进行通信交流。同年，林奈学会召开会议，研究了达尔文的物种理论纲要、部分论文、笔记以及华莱士的文章，最终决定达尔文拥有物种起源论的优先权。1859 年 4 月《物种起源》草稿完成后，出版家约翰·穆瑞立即使之付排，一个月后，达尔文就拿出了校样。在审读校样时，他发现需要修改的地方很多。于是达尔文一丝不苟、全力以赴地修改校样。1859 年 11 月 24 日，《物种起源》在伦敦出版，书的全名是《依据自然选择或在生存竞争中适者存活讨论物种起源》。

《物种起源》一出版就引起了极大的轰动，第一版1250 册在当天就销售一空，第二版3000 册也很快卖完，并且很快被译成西班牙文、波西米亚文、波兰文、俄文、日文……在德国，每隔一段时间就出版一次"关于达尔文学说"的目录和书目提要。

《物种起源》出版后，华莱士说："《物种起源》是迄今最重要的书籍之一。自然选择物种起源学说是不朽的学说。达尔文的名字可以和牛顿并列，而且他的工作将永远被看成是 19 世纪自然科学的最大成就之一。"

1864 年，英国皇家学会基于达尔文在地理学、动物学和植物学方面的杰出贡献，授予他"科普利奖章"。该奖章是英国科学界最高的荣誉。

《物种起源》这一部"离经叛道"、理论性很强的著作的发行量这样高，是达尔文始料不及的。在那些抢购《物种起源》的人中，就有一些是教会的神父。他们要研究这部著作，找到达尔文背叛基督教的证据。当然，购买《物种起源》的人，更多的是自然科学爱好者。他们从书评上看到达尔文在《物种起源》中的观点，感觉太神奇、太不平常了。《物种起源》像一颗炸弹，在宗教信仰浓厚的英国爆炸。英国人一向认为是上帝创造了万物，而现在达尔文的《物种起源》竟然出现了否定一切传统和信念的语言，居然说"上帝与万物一点关系都没有"，宗教法庭能饶了他吗？

生物进化论戳穿了千百年来基督教关于上帝造物的谎言，给了宗教迷信势力致命的一击。那些宣传上帝创世说的封建牧师、主教们，面对达尔文的学说不寒而栗。

为了证明自己的学说是正确的，达尔文几次陷入进退维谷的状态，多次来到"风暴的中心"。达尔文的支持者们用理论击败他人的言论，让达尔文走出了困境。经过达尔文、托马斯·亨利·赫胥黎、虎克的努力，达尔文进化论的大旗下集合了一批著名的学者。这些进步学者在各种辩论会上冲锋陷阵：在报刊上发表文章、创办科普读物以及举办演讲会宣传达尔文主义。1871 年达尔文出版了巨著《人类的起源》，向世界宣布："猿猴是人类的祖先。"

《物种起源》引起的非议还没有平息，达尔文在《人类的起源》一书里又将上帝创造的人与毛猴联系起来，这让一些人更为恼火！

讽刺达尔文的漫画贴满了街头，谩骂达尔文的文章也发表在了报纸上。《人类的起源》掀起了一层又一层的波澜，摧毁了达尔文平静的生活。在一则漫画上，一只猩猩哭着说："达尔文，你欺侮了我，你硬是要挤进我的世系！"还有一则漫画的画面是达尔文正和一只毛茸茸的猴子拥抱接吻……

针对达尔文及其支持者的反对声此起彼伏，尤其是神学的支持者和信仰者们，更是认为达尔文的这两部书彻底激怒了他们，污辱了他们。

达尔文说："我认为人类的高贵身份并不会因为人猿同祖而降低。因为，只有人才具有创造可理解的、合理的语言的能力。因此，人类现在好像站在大山顶上一样，远远地高出他的卑贱伙伴的水平，改变了他的粗野本性，放射出真理和智慧的光芒！"

达尔文的支持者赫胥黎站出来说："当我开始真正理解其重要的观点时，我的反应是，为我原先没有想到这一观点而感到非常遗憾。"他在《物种起源》出版后的第二个月就写了一篇题为《时间与生命》的文章，在《麦克米伦》杂志上发表，支持达尔文。他还在英国皇家学会演讲，宣传达尔文的学说，在《泰晤士报》上发表了关于《物种起源》的书评。他那严密、深刻、独到的见解；通俗、流畅、优美的文字，在社会上引起很大的震动，感染了一批学者，使他们皈依进化论。

赫胥黎如此支持达尔文，也遭遇了和达尔文同样的打击。有人这样评论他们说："如果说进化论是达尔文生的蛋，孵化它的就是赫胥黎。"

不管当时的言论如何难听，对他个人的攻击多么残酷，达尔文都默默地忍受着。

历史的车轮滚滚向前，现在，世界公认达尔文的进化论学说创造了一个新的时代。

鲁迅先生说："达尔文的学说，举世震动，盖生物学界之光明，扫群疑于一说之下者也。"这是对达尔文最公平最正确的评价！

第二节 走出困境

在人们对《物种起源》的理论半信半疑的时候，达尔文又推出了《人类的起源》。这使达尔文一下子成了焦点人物、议论的中心，同时也成了宗教人士攻击的对象、"英国最危险的人物"。

对于这样的理论，英国王室能接受吗？达尔文又将陷入怎样的危险境地呢？

1860 年 6 月 30 日，一场震惊世界的激战爆发了。托马斯·赫胥黎在牛津大学用科学事实反对宗教的观点，与牛津大主教——因为讲话油滑而被称为"油嘴萨姆"的塞缪尔·威尔伯福斯展开了激烈的舌战。

主教问道："请问托马斯·赫胥黎先生，跟猴子产生姻缘的是您的祖父还是您的祖母呢？"

主教的嘲弄博得了教士和信徒们的一片欢呼，一个狂热的信仰宗教的交际界贵妇人更是为主教的诡辩如癫似狂地喝彩。

赫胥黎说："我最早最早的祖父祖母都是猴子，包括提问题的这位先生，您的祖先也是。我们并不应该因为这个事实而感到羞耻，而要为人类的进步感到高兴，为达尔文提出的这个伟大学说感到自豪……"

掌声响起了，赫胥黎接着引用达尔文的话讲解着进化论的学说。用雄辩的科学事实说明进化论是科学的真理。赫胥黎对主教演说中胡乱举出的生物学例证一一作了分析，证明主教在生物学上的无知。他最后说："在神权统治一切的年代，每一个科学规律的发现和确立都曾经历过异常艰辛的历程，过去那些科学家们和宗教产生的冲突，最后都是因为宗教人士对自然科学知识知之甚少而导致失败。一个人没有任何理由因为他的祖先是猴子而感到羞耻，真正应该感到羞耻的倒是这样一种人：他惯于信口开河，而且粗暴地干涉他根本不理解的科学问题。"

台下响起更热烈的掌声，赫胥黎的雄辩像鞭子一样抽在威尔伯福斯的身上。"油嘴萨姆"面如土色，无言以对，悄然离开了会场。

这次牛津大战在英国产生了极为强烈的效果。这次论战后，在英国，大规模地围攻进化论的论战再也组织不起来了。但是，斗争并没有结束。为了取得达尔文学说的彻底胜利，在公众中广泛传播进化论，以赫胥黎为首的一批著名生物学家，在伦敦开展演讲，宣传生物进化学说。

达尔文的著作在世界上一版再版的事实，让一些人从上帝那边倒向达尔文这边，达尔文理论的信仰者越来越多了。进化论和神创论的战斗持续到 19 世纪 70 年代末期，达尔文主义在很多国家站稳了脚跟，被欧洲和美国学术界普遍地接受。

1873 年，赫胥黎患了严重的肝病，需要休养治疗，但是他的经济条件不好，没有钱医治，病情得不到控制。达尔文知道后，马上给托马斯·赫胥黎写了一封信，并把赠款直接汇到了他的账户上。达尔文在信中说：

> 2100 英镑已经在您的账上了，如果您能听到我说什么，或者知道我内心深处想些什么，您就会知道我对您有多么的尊敬……

达尔文理解那些对他的学说持反对意见的人，他说："一个没有被证实的假说很少有价值，或者根本没有价值；但是，如果此后有人进行观察，从而确定这种假定，我会对此提供帮助，将大量的孤立事实联系在一起，那个假定就成为可以理解的了。"达尔文的学说被译为 53 种语言，在世界各地都有他的支持者。许多国家的学院和科学团体都为他颁发了奖章、勋章、奖状，还授予他博士、名誉院士、通讯院士、名誉会员等各种头衔。

达尔文并没有把这些名誉放在心上，一个真正的科学家也不会把名誉放在心上。个人的荣誉在他看来仿佛并不存在，他只重视进化思想的胜利。

英国女王身边的人见许多国家的学院和科学团体授予达尔文各种荣誉，也建议女王授予达尔文爵士称号，可是女王说："达尔文的著作与宗教水火不相容，怎能授予他爵位呢？"

宗教人士解释说："先是上帝创造了万物，后来的自然界就按照达尔文发现的规律发展了。"

后来的日子里，恩格斯把达尔文的"进化论"称为19世纪三大发现之一，称达尔文是发现了生物界科学规律的人。人们在"贝格尔"号去过的加拉帕戈斯岛上，建立起达尔文研究所，达尔文的铜像耸立在庄严的研究所门前。铜像中的达尔文眺望着远方，好像正在思索问题。

第三节　奉　　献

达尔文说："科学就是整理事实，以便从中得出普遍的规律或结论。我完成工作的方法，是爱惜每一分钟。"

达尔文就是这样的一个人，他一生的兴趣和唯一的工作就是科学研究。写完《人类的起源》，达尔文已经是一位62岁的老人了，长期的疾病使他看上去很苍老。

他说："我的科学工作使我感到的疲倦超过了通常程

度，但是我没有其他的事情好做，不论一个人的精力是早一两年耗尽，还是晚一两年耗尽，这都是无关紧要的。”

达尔文生命的最后十年，是达尔文的生活中充满阳光的十年。在这十年里，折磨达尔文三十多年的病魔，被他顽强的精神征服了。

达尔文做了大量的科学实验，写了许多的论文和著作。他愿意试验大多数人认为丝毫不值得试验的东西。他把这些大胆的试验称为“愚人的试验”，并从这些试验中获得了惊人的成果。达尔文把这些成果写进《异花受精与自体受精在植物界中的效果》《植物运动的力量》《食虫植物》等书中。

达尔文还关心世界各国的科学，而世界各国也没有忘记他对科学的贡献。他除了获得剑桥大学的法律博士学位、波恩大学的医学外科博士学位及比勒斯劳大学的医学外科博士学位外，还获得了地质学会的华拉兹奖章、皇家学会的科普利奖章、皇家医学院授予的贝勒奖章。法国、德国、美国、荷兰、比利时、意大利、西班牙、瑞士、俄罗斯、丹麦、葡萄牙等国家和地区的61个学术团体都分别授予了他学位或者吸收他为会员。

1864年11月5日，英国皇家学会授予达尔文科普利奖章，这是英国最高荣誉的象征。但是那天达尔文却在他的工作室里继续工作。

达尔文说："像我这样一个衰弱的老人竟然没有被忘记，我深深地致以感谢，可是，我的健康情况不允许我去领奖。"

一日，小孙子安纳德拿着一个金光闪闪的小圆牌走过来，对埃玛说："奶奶，您看，我在爷爷书房的角落里找到一个小圆牌！"埃玛接过小圆牌看了看，惊呼起来："天呐！这是科普利奖章。亲爱的，你怎么把这么珍贵的东西随便乱扔呢？"

达尔文说："这是我曾经得到的最高荣誉，我非常感谢他们的盛意和慷慨的同情！但名声、荣誉、财富这些东西，不过是些可怜的尘土。我真正珍惜的是亲爱的朋友们的友谊！"在英国这个反对达尔文学说最激烈的地方，能得到如此高的荣誉，这是让很多人发出感慨的一件事。

但对达尔文来说，名声、荣誉、财富一直没有什么吸引力，他唯一关心的就是事业。达尔文的一生完全奉献给了科学，奉献给了人类。

一次，一个美国小女孩观看达尔文的昆虫标本后感叹道："这是多么残忍的工作啊，竟然把美丽的蝴蝶用大头针扎死了！"小女孩皱起眉头。但当她听到工作人员的解释说，大科学家达尔文为了寻找死蝴蝶做标本花费了好多时间和精力时，她又感慨地说："达尔文太仁慈了，真是爱的化身。"

"达尔文是爱的化身"这句话有许多人说过。在失去心爱的女儿后他常常落泪；在金钱上一直节约开销的他，却把大笔的钱捐给唐恩教堂；他的家里经常有一些爱好科学的人来请教问题，他的时间很宝贵，自己都不舍得浪费一分钟，但他总是耐心地听着来访人的问话，然后不厌其烦地讲解。

达尔文对身边的人无所求，却把爱奉献给了每一个人、奉献给了科学、奉献给了人类。当发现家里的佣人工作很累时，他让埃玛多雇一个人以减轻佣人的工作量。他在遗嘱中写道：

贝西在我们家干了 30 年，她退休的时候，要送给她一幢小房子，每周的养老金至少要给 10 先令！

达尔文早在一百多年前就把这份关爱献给了当时社会底层的仆人。达尔文爱科学、爱事业、爱家人、爱底层的人民，他的精神世界是"博爱"。

第四节 隐 痛

达尔文是一个很节约、很自律的人。在别人身上花钱时达尔文是一个慷慨大方的人，可自己花钱时却精打细算。一次，埃玛对达尔文的朋友说："他对自己太节俭了，他总是把朋友来信中空白的地方剪下来，用来记笔记，旧稿子的背面也全是字，他批评仆人的唯一一次是因为那个女佣要把废纸扔进炉里烧火……"

如此节俭的达尔文在支持科学事业和接济穷人时，却能慷慨解囊。他曾写信给一个正在搞科研的朋友说："如果你们那里搞科研需要一些试验品，价值在100英镑左右的话，我很愿意为你们支付这笔钱，让你们完成实验……"

不久，达尔文开出了一张100英镑的支票。那时达尔文家里也很需要钱，他的七个孩子分别在读小学、上大学，教育费用就是一笔巨大的支出，但是他为了支持朋友搞科研，毫不犹豫地资助别人100英镑。

当时，一年挣1000英镑就是很大数字了。达尔文舍不得给自己花钱，却舍得在教育上为子女做重大投资。他把稿费全用在子女的教育上，当然他的苦心没有白费，子女们也以优异的成绩回报了他。

由于受到良好的学校教育及家庭教育，达尔文的二儿子乔治、三儿子弗朗西斯、五儿子贺拉斯后来都成了著名的科学家，被选为皇家学会的会员并封为爵士。

随着达尔文对动植物生殖问题研究的深入进行，他认识到近亲结婚的危害性。

达尔文的大儿子威廉原本是个很健康的孩子，可在一次打猎事故中，不幸失去了一条腿，从此怕风、怕冷，在饮食上也非常挑剔。

达尔文的二儿子乔治的神经也不太好，胃也有毛病，很喜欢向别人谈论自己的病痛，他是一个典型的忧郁症患者。

达尔文的女儿伊丽莎白，长相平庸，整日无精打采，性格内向，不愿与人交流，成了家里最不受人喜欢的孩子，一生都没出嫁。

达尔文的三儿子弗朗西斯在妻子去世后，也变成了一个忧郁寡欢的人，后来他也得了忧郁症，经常有一种绝望感。

达尔文的小儿子从出生时身体就非常弱，他曾专攻文学，后又改学机械学，最后成为一个了不起的工程师。但是他总说自己有病，身体不好，需要母亲的照顾。

最让达尔文痛苦和不解的是，他的三个儿子和两个女儿不能生育后代，这是否是他和埃玛近亲结婚的结果呢？

达尔文决定开始研究近亲结婚带来的后果。为了不让埃玛受刺激，他选择植物做研究对象。

通过观察，达尔文认识到了花凭借昆虫授粉比自花授粉对种子的发育要好，为此他写成了《兰花借助昆虫传粉的各种器官》一书。接着又写完了《兰科植物》《食虫植物》《异花受精与自体受精在植物界中的效果》等书。

一天，埃玛来到兰花房看见达尔文为儿女们不健康的身体、心理以及都没有下一代而郁郁寡欢，她忧郁地说："当初，你就不应该娶我。"

达尔文说："我不是这个意思，我们的爱情和结合不是错误。天底下没有一个父母不希望自己的子女是健康聪明的，而我们的孩子就像这棵自花授粉的兰花一样，虽然枝繁叶茂，但却弱不禁风。"

达尔文去世后，他的表弟——优生学家法兰西斯·高尔顿创立了优生学，阐明了近亲不能结婚的科学道理。

第五节 历史丰碑

晚年，达尔文和埃玛一起下棋；埃玛给他朗读小说；他们一起散步，相伴过着快乐的生活。

一天，达尔文躺在沙发上，埃玛给他朗读查尔斯·狄更斯的小说《大卫·科波菲尔》，听着听着，达尔文睡着了。他太累了，每天都保证不了四个小时的睡眠。

过了一会儿，达尔文醒了，不好意思地说："埃玛，你一定念得口干舌燥了，我最近这是怎么了，总是无缘无故地疲倦。"

埃玛说:"休息一阵子就会好的,你天天不休息,还那么拼命地工作,一定会感到疲倦。"

达尔文说:"我父亲活到了 83 岁,思维还是那么清晰,动作一点也不迟缓,真希望我在还没有老糊涂的时候就死去。可是我还有许多工作要做,真希望把它们完成,看来是不行了。"

在埃玛的悉心照料下,达尔文的身体渐渐康复,又能工作了。但 1881 年夏天,他再一次生病了。

达尔文很难过,因为生病,他不能开始进行需要费时几年的研究,不能做他想做的高强度工作。其实他一天也没有离开工作,在他的房间里,装满了记录本和大量的调查资料,他脑海里还萌发了许多理论没有记录下来。

1881 年秋天,达尔文研究完了碳酸铵对植物的根部和叶子所起的作用。

后来达尔文的心脏病多次发作,整个胸部开始疼痛,他感到自己的生命快要结束了,就常常约老朋友一起谈过去的事。谈到童年时,他说:"小时候,我的父亲和老师都认为我是一个淘气、不务正业的孩子,不会有什么发展和成就。可是我始终坚持追求科学,并且把一生都献给了科学。我相信这样做是正确的,但是我总感到遗憾,没有为科学和人类做更多的事。"

达尔文说得太谦虚了，此时他已完成了 80 多篇论文、22 部著作，在另外 9 部著作中还有他编写的章节。他为人类留下很多资料，其中《物种起源》一书是人类首次提出演化论的观点，试图证明物种的演化是通过自然选择（天择）和人择的方式实现的。该书的巨大影响远远超出了生命科学本身，已经成为人类思想史上光芒四射的灯塔。

1882 年 3 月 10 日，埃玛从伦敦请来著名的医生为达尔文看病。达尔文从医生的眼神里知道了自己的病情，他对医生说："还有更多需要你的病人等待你去照顾，不要在我这里浪费时间了。"

3 月 27 日，达尔文挣扎着从病床上起来给好朋友赫胥黎写信，科学研究和发展依然是他信中的主题。

4 月 18 日上午，达尔文觉得病情稍好了一些，便挣扎着来到儿子弗朗西斯的实验室里，帮着儿子记录实验情况。已经成为生物学家的弗朗西斯闻讯匆匆赶到实验室，搀扶着父亲，心疼地劝道："爸爸，您放心吧，我会完成这些实验的。"到了晚上，达尔文出现了昏迷，医生把他抢救过来后，他拉着埃玛的手说："我一点儿也不怕死。我死以后，你要拿出一部分钱来资助出版《物种起源》的笔记，还要继续资助……"

埃玛哭着说："你的遗嘱都写好了，你放心，我会照着你的遗嘱做！"达尔文深情地看着妻子，拉着埃玛的手说：

"我的爱人，你为我奉献了一生。没有你为我做的一切，我想为科学作出贡献，是不可能的。现在，我要先你而去了，你不要难过，谢谢你……"他边说边闭上了眼睛，再也没睁开！

1882 年 4 月 19 日凌晨 4 点，达尔文在居住了将近 40 年的唐恩镇的家中静静地去世了，享年 73 岁。一颗伟大的心脏停止了跳动，全世界都为之悲哀，都在沉痛悼念这位 19 世纪最伟大的科学家。

埃玛想把达尔文安葬在自己家的唐恩花园，可达尔文已不仅仅属于她自己，他属于英国，属于全世界人民！

皇家学会主席出面做埃玛的工作，最终她同意将达尔文安葬在威斯敏斯特教堂。

1882 年 4 月 26 日，来自各国的代表参加了在威斯敏斯特教堂为达尔文举行的葬礼。达尔文的棺柩被安葬在教堂的东北角。他的理论曾是宗教界最反对的学说，但现在，英国皇家同意将他安葬在这里，说明他们依然承认达尔文是一个忠实的教徒。

达尔文的墓碑旁是约翰·赫歇尔和牛顿的坟墓，而好朋友兼导师莱尔的坟墓也离他的坟墓只有几步远，他们在这里相聚了！

这几位伟大的科学家长眠在此，使得威斯敏斯特教堂成了光芒四射的地方。清晨柔和的太阳光照在达尔文的墓碑上，前来祭祀的人深深地鞠躬致敬。墓碑上雕刻着：

《物种起源》及其他几部自然科学著作的作者

查尔斯·罗伯特·达尔文

生于 1809 年 2 月 12 日

卒于 1882 年 4 月 19 日

安息吧，伟大的科学家达尔文！你创立的进化论，在生物学上掀起了一场巨大的革命。这场革命触及生物学的各个分支，带给生物学长足的进步。如今，生物学已经在工业、农业、医学上得到了广泛的应用，给人类创造了难以计数的财富。

科普小知识

奇妙的生物世界

一、生物基础小知识

1. 发现细胞的两个虎克

人类在很长的时期内，都是依靠肉眼来观察世界上形形色色的事物。但是，人眼能够看到的物体，极限只有0.1 毫米。公元 1 世纪时，罗马学者曾谈到装有水的水晶器皿可以放大字母。

英国物理学家罗伯特·虎克从小勤奋好学，经常制作出令人感到惊异的小玩意。他把两片凸透镜组合起来看鸡毛，发现羽干像树枝那么粗大，绒毛也成了一根根粗壮的线。他反复调试两个镜片的距离，最终找出了焦距与放大倍数的关系。

经过苦心研磨，虎克制得了一些晶亮透明的小镜片。他反复组装、试验这些小镜片，不知经过多少个白天和黑夜，终于研制成了当时世界上最好的一架复式显微镜。

1663 年的一天，虎克从一小块清洁的软木上切下极薄的薄片，放在自己的宝镜下观察。呵！这东西竟由许许多多小格子组成，他给这些小格子取了一个名字，叫作细胞。"细胞"这个名词一直沿用至今。1665 年，虎克用自制的显微镜发现了植物细胞，不过他看到的只是一些死细胞的细胞壁，细胞里活生生的东西他一点也不知道。

罗伯特·虎克发现细胞的消息传遍全世界，使人们的眼界大开。而荷兰生物学家安东尼·列文虎克（1632—1723）也有了进一步的新发现。他在科学实验中经历了多次失败后，于 1674 年发明了世界上第一台光学显微镜，并利用这台显微镜首次观察到了血红细胞。

列文虎克还取来各种标本在显微镜下观察：青蛙的血液、昆虫的复眼、人的口腔牙垢等都看得清清楚楚。他惊叹着：在一个人口腔牙垢里的小动物比整个王国里的居民还多。两位虎克第一次在一个新的水平上揭示出一个令人难以置信的、十分复杂的微生物界。

2. 19 世纪的重大发现——细胞学说

从 1665 年英国物理学家罗伯特·虎克发现细胞到 1839 年细胞学说的建立，经过了 170 多年。在这一时期内，人们对动植物的细胞及其内容进行了广泛的研究。

在细胞研究上首先建立功勋的是德国植物学家马蒂亚斯·雅各布·施莱登（1804—1881），细胞学说的创始人之一。他用显微镜观察各种植物的表皮，发现无论是木本植物还是草本植物，都是由虎克命名的细胞构成的。这难道是偶然的巧合吗？他又开始研究植物的根、茎、叶和花。

但是这些部分放在镜下却是乌黑一片，施莱登百思不得其解。后来他把这些部分用刀切成薄片，放到显微镜下观察。他惊奇地发现，植物的嫩茎也是由一个一个细胞构成的。接着，他又进行了大量的观察，并画出大量细胞的图谱，终于得出：细胞是构成植物体的基本单位；细胞不仅本身是独立的生命，并且是植物体生命的一部分。他把这一研究结果写进了《植物发生论》和《植物学概论》等书中。

细胞学说的另一位创始人是德国的动物学家西奥多·施旺（1810—1882）。他在显微镜下发现了奇异的动物细胞世界：球形的血细胞、纤维状的肌肉细胞……施旺经过三年的研究，得出了结论：动物体也是由细胞构成的。1839年，他发表了一本划时代的著作《关于动植物的结构和生长的一致性的显微研究》，该书轰动了科学界。

施莱登和施旺创立的细胞学说被恩格斯誉为19世纪的三大发现之一。它阐明了细胞的统一性和生物体的统一性，开辟了生物学发展的新阶段，为达尔文的进化论奠定了微观物质基础。现今，对细胞内部结构及其功能的深入研究，又促进了生命科学的发展。

3. 细胞的结构复杂而精巧

20世纪30年代以前，人们用光学显微镜观察细胞时，只能把细胞放大几百倍到一千多倍。利用这种显微镜看到的细胞结构称为细胞的显微结构，可以看到细胞膜、细胞质和细胞核三个部分。

正当生物学家们为不能看到细胞更小的结构而苦恼时，物理学家们想到了电子。用电子束代替光波，就能制造出放大倍数更高的显微镜了。1932 年，德国科学家恩斯特·鲁斯卡第一个设计制造了电子显微镜。电子束透过超薄切片打到荧光屏上，成为肉眼可观察的影像。

电子显微镜可把细胞放大几万倍，甚至几十万倍，能够观察到更加复杂精巧的结构。这些在光学显微镜下分辨不清楚，但在电子显微镜下能够观测到的细胞内各种微细结构被称为细胞的亚显微结构。利用电子显微镜观察动物细胞的亚显微结构，发现细胞质中还有形态各异的结构，被称作细胞器，如线粒体、内质网、核糖体、高尔基体和中心体等；同时还发现细胞核由核膜、核仁、染色质、核液几部分组成。电子显微镜下的细胞简直是一个奇异的王国：细胞膜是王国的国境线，细胞质是王国的国土，细胞器是林立的工厂，生产井井有条。

植物细胞亚显微结构与动物细胞的略有不同：细胞膜外面多了细胞壁；细胞器中有大型的中央液泡和能进行光合作用的叶绿体；高等植物细胞中没有中心体。

4. 神奇的染色体

为什么子女像父母？父母不能把任何一个器官传给孩子，哪怕是一根头发，但孩子的长相甚至性格却和父母那么相像，这是为什么呢？经研究发现，父母传给子女的是叫作染色体的东西。

之所以叫染色体，是因为细胞核内这些物质容易被碱性染料（如龙胆紫溶液、苏木精、醋酸洋红）染成深色。经科学家分析，这种物质的化学成分主要是脱氧核糖核酸（占80%～90%）和蛋白质（占10%～20%）。染色体是细胞内具有遗传性质的物体，其本质是细胞核内有结构的线状体，是遗传物质——基因的载体。

细胞在分裂间期，所有的染色体都在默默地复制自己，即制造出一个与自己一模一样的染色体，称为染色单体，此时的每个染色体都是由两条同样的染色单体组成。所以当细胞分裂时，两条染色单体分开，各自分到细胞两极，最终产生两个新细胞，这样它们各自都能得到一套形状、数目完全相同的染色体。从而保证了每种生物的每个细胞中都含有相同形态、相同数目的染色体。

在无性繁殖物种中，生物体内所有细胞的染色体数目都一样；在有性繁殖的大部分物种中，生物体的体细胞染色体数目也都一样，并且成对分布，这样的生物体称为二倍体。而这些生物体的生殖细胞中，染色体数目却是体细胞的一半。当两性细胞结合后，子代细胞中就含有与亲代相同数目的染色体，从而保证了遗传的稳定性。

染色体上载有物种的全部遗传信息。物种间的区别，全在于染色体上的差别。因此研究染色体的形态和数目，对于鉴别物种很有意义。比如果蝇的体细胞染色体条数是8，山羊的是60，水稻的是24，猪的是78，人的是46……

不论口腔细胞还是胃肠壁细胞，不论男性还是女性，不论大人还是小孩，也不论是白种人、黄种人或是黑种人，体细胞中都有 46 条染色体，而且成双结对，共 23 对。

5. 人体最大的单一器官——皮肤

皮肤是人体最外面的一层结构，是人体最大的单一器官。它既是神经系统的感觉器，又是效应器。成年人的皮肤面积约有 2 平方米，重量占总体重的 5% ~15%，平均约重 3 公斤。皮肤的厚薄不均，平均在 1 ~4 毫米之间。最厚的皮肤在足底部，厚度达 4 毫米，眼皮上的皮肤最薄，只有不到 1 毫米。

从皮肤的横切面由外向内看，可以将它分为表皮、真皮和皮下组织三层。表皮主要由角质形成细胞和树突状细胞组成。深层的角质形成细胞不断地分裂增生，新生的细胞将老细胞推向体表。随着细胞不断向表层推移，细胞的形态和结构也在不断地发生变化。首先形成透明的角质颗粒，然后整个细胞都被角质化，形成多层扁平角化上皮细胞，成为人体的保护层。手掌、脚掌等易摩擦的地方角化层也相应增厚，角化层细胞不断脱落，底层细胞又不断形成新的角化层。一般表皮角质形成细胞 3 ~4 周更新一次。而树突状细胞数量较少，不角质化，无规则地分散在角质形成细胞之间。在表皮的深层还有些黑色素细胞，会产生黑色素，能吸收紫外线，从而起到保护机体深层组织的作用。

真皮是皮肤的中层，分布着各种结缔组织细胞和大量的胶原纤维、弹性纤维，从而使皮肤具有弹性和韧性。真皮内还有丰富的神经、血管、皮脂腺和多种感受器。

皮下组织是皮肤的最深层，由大量的疏松结缔组织和脂肪组织形成，其中含有汗腺以及毛囊。

6. 生命的长河——血管

世界上最长的河流——非洲的尼罗河，全长约 6600 千米。但这个长度还不到我们身体内的生命之河——血管总长度的十分之一。血管是指血液流过的一系列管道。人体除角膜、毛发、指（趾）甲、牙齿及上皮等处外，遍布着血管。

有人统计，人体内部的动脉、静脉和毛细血管加起来，长度可达 9.6 万多千米。在这条生命长河中，流淌着人类赖以生存的血液。血液不停地为全身细胞和组织提供着养料和氧气，又不断地将细胞和组织排出的废物运走——或送去加工再利用，或排出体外。在人的一生中，血液周而复始，川流不息，维持着生命。

7. 心脏离体还能跳

心脏是人和脊椎动物的器官之一，是循环系统中的动力器官。人的心脏跟本人的拳头一样大，外形像桃子。心脏的作用是推动血液流动，向器官、组织提供充足的血流量，以供应氧气和各种营养物质，并带走代谢的终产物，使细胞维持正常的代谢和功能。

剪去青蛙的头，用针破坏它的骨髓后，再剪开蛙的胸壁，发现心脏仍在有规律地跳动。小心地剪下心脏，放在浓度为0.7%的生理盐水中，心脏还在继续跳动。把心脏剪成两半，半个心脏仍有搏动。心脏离体可跳几个小时甚至更长时间，这种现象令人惊讶不已。

心脏的功能取决于心肌的特性。心肌除与骨骼肌一样，具有兴奋性、传导性、收缩性外，还有一种独特的性能，就是自动节律性。心脏里埋藏着一种特殊肌肉组织，叫心传导系统。人体依靠这个系统保持心脏的正常工作。在整个传导系统中，居最高领导地位的是窦房结，位于右心房的右上方，整个心脏跳动的快慢由它控制。兴奋由窦房结开始，依次带动整个心肌。窦房结每分钟发出兴奋波70～80次，且一次接着一次，其他部位只需完成往下传的任务，从而保证了窦房结的领导地位。所以窦房结是最高起搏点，这样的心律叫窦性心律。

虽然窦房结一统全局，但其他部位仍保持着自动节律性。如果因病使窦房结发放兴奋波的频率减慢，进而心跳减慢，输出的血量不能满足身体的需要时，房室结就会挺身而出，自动发出兴奋波，使心室加快跳动，以保证足够的输出血量。房室结可称为第二起搏点，起"第二梯队"的作用。如果窦房结和房室结都不能正常工作，心室的束支也能发挥其自动性的权力，指挥心室收缩与舒张，起

"第三梯队"的作用。凡是取代窦房结控制心跳，都叫异位搏动，这时的心律叫异位心律。

二、生物与生命

1. 生命—生物

生命泛指一类具有稳定的物质和能量代谢现象并且能回应刺激，进行自我复制（繁殖）的半开放物质系统。简单来说，也就是有生命机制的物体。生命个体通常都要经历出生、成长和死亡。生命种群在一代代个体的更替中经过自然选择发生进化，以适应环境变化。生物学则是以研究生命为中心的科学。

生命的最小单位是生物个体，由一个或多个细胞组成，能够进行新陈代谢、维持恒定性，可以成长、回应刺激、繁殖甚至演化，以适应外界环境的变化。

在地球的生物圈内生长着许多不同的生物，包括植物、动物、真菌、原生生物、古菌及细菌。它们有一个共同的特征，都是由以碳元素和水为基础的细胞构成，有组织以及可以遗传的基因物质。

地球约在45.4亿年前形成，而最早的生命至少约在35亿年前出现。

2. 生物医学

生物医学是生物医学信息、医学影像技术、基因芯片、纳米技术、新材料技术等的学术研究和创新的基地。随着社会—心理—生物医学模式的提出，以及系统生物学的发展，最终形成了与 21 世纪生物技术科学的形成和发展密切相关、关系到提高医疗诊断水平和人类自身健康的现代系统生物医学。

生物医药学研究疫苗、糖类、酯类、蛋白质、酶、多肽、核酸和转基因产品等对生物体，特别是人体疾病的预防及治疗作用。由于毒副作用很小，大多数情况下可以达到对因治疗的目的、针对性强而且效果明显，生物医药必将成为医学领域的核心。

3. 中医

中医一般指以中国汉族劳动人民创造的传统医学为主的医学，所以也称汉医，研究人体生理、病理以及疾病的诊断和防治等。它承载着中国古代人民同疾病作斗争的经验和理论知识，是古代人民智慧的结晶；是在古代朴素的唯物论和自发的辩证法思想指导下，通过长期医疗实践逐步形成并发展而来的医学理论体系。在研究方法上，以整体观为主导思想，以脏腑经络的生理、病理为基础，以辨证论治为诊疗依据，具有朴素的系统论、控制论、分形论和信息论内容。中国其他传统医学，如藏医、蒙医等则被称为民族医学。

中医学以阴阳五行作为理论基础，将人体看成是气、形、神的统一体，通过望、闻、问、切四诊合参的方法，探求病因、病性、病位、分析病机及人体内五脏六腑、经络关节、气血津液的变化，判断邪正消长，进而得出病因，制定"汗、吐、下、和、温、清、补、消"等治法，使用中药、针灸、推拿、按摩、拔罐、气功、食疗等多种治疗手段，使人体达到阴阳调和而康复。

4. 西医

西医，就是指西方国家的医学。从西方医学的发展史来看，西医学分为当今正在发展的西方近现代医学和已淘汰的西方古代医学。其中，西方古代医学起源于古希腊，但由于其理论内容是错误的，在西方国家的近代时期就被摒弃了。西方近现代医学起源于西方国家的近代时期，是西方的学者们在摒弃西方古代医学后，发展出来的一门全新的医学体系，这门医学体系就是当今国人常说的西医。西方近现代医学在过去的中国被称为新医，与旧医（中医）相对立。医生利用自己的感觉器官通过视诊、触诊、叩诊、听诊、嗅诊等方法或借助听诊器、叩诊锤、血压计、体温表等简单的工具，但更多的是借助于先进的医疗仪器设备和实验结果，对病人进行全面、系统的检查来诊断患者的疾病。

5. "十聋九哑"的生理依据

人们常说"十个聋子九个哑"。为什么人们总将聋和哑用在一起说成"聋哑人"呢？为什么"十聋九哑"而不是"十哑九聋"呢？

其实，我们常说的哑巴，指的是不会说话的人，并不是不能发音的人。聋人不会说话就和盲人不会画画一样，盲人不会画画并不是他提手不会动笔，而是看不见笔画的效果，当然就无法确定下一步的动作。说话也是这样，正常人在说话时，无时无刻不在自己耳朵的监听之下。从儿童学说话开始，他就是边听边说的。当他的发音正确时，就能马上得到应有的肯定，当他说错时就会被否定。慢慢地他就知道"Ba－Ba"代表自己的父亲，"Ma－Ma"代表自己的母亲……这样边说边听，逐渐学会了说话。如果他根本就听不到自己的发音，就无法判断说话的效果，也就无法用语言来表达自己的愿望了。

生理学上将这种聋与哑的关系叫作语言的反馈。就像人眼和肌肉的反馈能指导手的运动一样，人体中也有一套精巧完美的语言反馈系统，随时监听自己发出的每一个音。如果发现音调偏低，就增加声带的张力；如果发现发音不准，就及时调整相应的发音部位（如口、舌、唇、齿的位置），直到满意为止。有些人因后天疾病，如发音器官的损坏或语言中枢的病变，丧失了说话能力。他们虽然不能说话，但听觉完好，耳并不聋，所以常常是"十聋九哑"，而不是"十哑九聋"。

6. 植物也会"出汗"

众所周知，动物会出汗。然而，许多人不知道植物也会出汗，这在植物学里叫"吐水"，即植物会通过叶面上的气孔排放体内多余的水分。

夏季炎热的中午，树上的叶子无精打采地打蔫。这时，如果把一个玻璃杯倒扣在几张叶片上，不久杯壁上会出现一层细小的水珠。这是植物发生蒸腾作用的缘故。蒸腾作用是植物体内的水分通过叶子散失到体外的现象。

陆生植物吸收的水分，只有一小部分参加体内的各种代谢活动，绝大部分都散失到体外去了。有人统计过，一株玉米在整个生长期中由于蒸腾作用而散失的水分约有200千克，其中只有1%左右的水真正用于各种生理活动和保留在植物体内，而99%左右的水则被蒸腾掉了。

叶子的表面有许多气孔。大多数植物的气孔由两个肾形的保卫细胞组成，这种细胞的内外壁厚度不同，靠着气孔的内壁厚，背着气孔的外壁薄。当保卫细胞吸水膨胀时，较薄的外壁就伸长，细胞向外弯曲，于是气孔张开；当保卫细胞失水而体积变小时，外壁就会拉直，气孔也随着关闭。

气孔是蒸腾过程中水蒸气从植物体内排到体外的主要出口，也是光合作用时从空气中吸收二氧化碳的主要入口，因此它是植物进行气体交换的"大门"。

蒸腾作用是植物吸收和运输水分的主要动力，可以降低植物体的温度，促进根对水分的吸收，以及植物体内水分和无机盐的运输。同时，由于在蒸腾过程中水分变成水蒸气需要吸收热能（1克水变成水蒸气可以带走近2400焦耳的热量），因而能有效地降低叶片的温度，避免叶子由于强光照射而被灼伤。

7. 不能吃蛋白质的"洋娃娃"

黑头发、黑眼珠、黄皮肤，这是中国人的典型特性。而有的中国家庭中却生出一个黄头发、白皮肤的"洋娃娃"，但他们的上代并没有与外国人的通婚史，这很可能是一种遗传病——苯丙酮尿症。

这种孩子的最大特点是不能吃含有蛋白质的食物，否则就会出现一系列麻烦。他们刚出生时头发与皮肤的颜色就比一般孩子的浅，经母乳或其他含蛋白质食物的喂养后，皮肤越变越白，头发也成金黄色。不少家长常沾沾自喜，认为自己生了一个漂亮的洋娃娃。可是好景不长，几个月后孩子就明显地爱哭闹，皮肤也会出现各种湿疹，而且头发和皮肤出的汗像老鼠尿那么臭。他们的生长、发育和智力都落后于同龄儿童，两岁以后还不会说话、走路，成为低能儿。家长以为生长慢是营养不足，于是塞给孩子高营养食物。结果却是，营养越丰富，病情越严重。

苯丙酮尿症是一种常见的氨基酸代谢异常的遗传病，其遗传方式为常染色体隐性遗传。该病的临床表现不一，主要临床特征为智力低下、精神神经症状、湿疹、皮肤抓痕征及色素脱失和鼠气味等。患者的父母虽带有致病基因 b，但均不发病（Bb）。如果孩子从父母那里各得到一个致病基因 b，就要发病（bb）。这种病在西欧最多，我国也不少见，大约每一万个新生儿中就有一个病例。患者体内先天性地缺少一种分解利用苯丙氨酸（蛋白质中的一种重要氨基酸）的酶。一方面苯丙氨酸不能氧化成酪氨酸，形成黑色素，从而出现黄头发、白皮肤、怕见阳光等症状。另一方面，苯丙氨酸变成苯丙酮酸，随汗液和尿排出造成皮肤湿疹和恶臭味。而且苯丙酮酸积蓄在体内还会影响脑部的发育，造成智力低下。

8. 英国的皇家病——血友病

血友病是一种由于血液中某些凝血因子的缺乏而导致患者产生严重凝血障碍的遗传性出血性疾病。血友病的主要特征是容易流血，而且不易止住，所以称血友病。患有血友病的人，只要皮肤轻微碰伤，或进行拔牙等小手术，都会导致难以制止的严重出血。和红绿色色盲一样，血友病患者几乎全是男性。

血友病又叫"皇家病"，这与 20 世纪的英国王室有关。1840 年 2 月，21 岁的维多利亚女王和她的表弟阿尔伯特亲王结婚。他们一共生育了 9 个孩子，四男五女。虽然维多利亚女王夫妻并未患血友病，但他们的 4 个男孩中有 3 个都因患有血友病而早早夭折；唯有爱德华七世正常并继承了英国王位。所幸的是他们的女儿都还健康，但他们的一个外孙女与沙皇尼古拉二世结婚，生了一个患血友病的儿子。而另一个嫁给西班牙皇室的外孙女，也生了个患血友病的儿子。从此，俄国的罗曼诺夫家族和西班牙的巴本家族，都因娶了维多利亚女王的外孙女而造成了血友病的蔓延。维多利亚女王是血友病基因的携带者，也是引起血友病在这个大家族内"流行"的开始者。整个家族患者仅限于男性。因为血友病与英国王室有这样一段"不解之缘"，所以又称它为"皇家病"。

9. 鱼肝油和钙片治不了的软骨病

聪明的妈妈都懂得，要给自己的宝宝及早喂钙粉和鱼肝油，预防讨厌的佝偻病。可是有一种遗传病——抗维生素 D 性佝偻病却很特殊，患儿的小肠不能很好地吸收钙和磷，并且从尿中排出大量磷，造成血磷和血钙都很低，形成严重的佝偻病，吃钙片和鱼肝油都无济于事。

软骨病又叫骨软化症，由新形成的骨基质钙化障碍引起。骨是由钙、磷、镁等构成的结晶沉着于由胶原组成的骨基质上构成的。在正常情况下，骨基质与骨矿物质之间呈一定比例。

软骨病患儿一周岁左右发病，最先出现的症状是 O 型腿，以后出现骨骼发育畸形、多发性骨折、骨疼，不能走路等症状。女性纯合患者病情重，杂合患者病情轻。

软骨病是 X 染色体显性遗传病。这类病的共同特点是女性患者多于男性，往往连续几代遗传。

10. 生命活动的催化剂——酶

酶是指具有生物催化功能的高分子物质。食物的消化、蛋白质的生物合成、生物能量的控制和利用以及其他生命活动中的化学变化，都要有酶来参与，所以酶是生命活动的催化剂。如果没有酶，生物的新陈代谢就无法进行，生命甚至会停止。

我们都知道，生物体是由细胞构成，正是由于酶的存在，机体的每个细胞才表现出种种生命活动现象，体内的各项生化反应才得以顺利进行。人体内酶越完整，其生命就越健康。当人体内没有了活性酶，生命也就结束了。

生物体内酶的种类繁多，功能各异，并有高度的专一性，一种酶只能对一种反应产生作用，如淀粉酶只能催化淀粉转变成葡萄糖。酶的催化作用很强，一个酶分子在一秒钟内能催化千万个反应物分子。此外，酶本身在反应过程中为了适应反应物，可能产生一系列的"变形"，使得彼此像钥匙和锁那样配合默契。在反应完成后，酶又可恢复成原样，重新参加反应。有许多化学因素，如强酸、强碱、高温等可以影响酶的活性，干扰催化进程。因此，有酶参与的反应必须要有适宜的条件。

一般来说，动物体内的酶最适温度在35℃~40℃之间；植物体内的酶最适温度在40℃~50℃之间；细菌和真菌体内的酶最适温度差别较大，有的酶最适温度可高达70℃。动物体内的酶最适pH大多在6.8~8.0之间，但也有例外，如胃蛋白酶的最适pH为2左右。胃蛋白酶是由胃黏膜分泌出来的一种酶，它对吃进来的食物进行催化分解反应，把食物中的蛋白质大分子变成能被机体吸收的小分子物质。

胃蛋白酶先是形成酶原，即无催化活性的胃蛋白酶原，然后通过自催化作用进行自我剪切，使自身结构发生变化，成为有活性的胃蛋白酶，从而能催化食物的分解反应。

胃蛋白酶可以人工提取。制造奶酪时凝聚牛奶用的凝乳酶粗产品中就有胃蛋白酶。胃蛋白酶还可以制作饮料和调味食品，是一种重要的食品添加剂。

现在，人们已能从动物、植物和微生物组织中提取一些有活性的酶。已经鉴定出的酶有数千种，其中有百余种已能制成商品出售。

11. 生命的使者——核酸

"种瓜得瓜，种豆得豆。"为什么生物的子代总与亲代相似，而在第一代"瓜"和"豆"里找不到小瓜、小豆的雏形。保持上下两代之间相似的原因，在于遗传物质——核酸。

核酸是由许多核苷酸聚合而成的生物大分子化合物，为生命的最基本物质之一，最早由米歇尔于 1868 年在脓细胞中发现和分离出来。

核酸有两种：一种是核糖核酸，简称 RNA，另一种是脱氧核糖核酸，简称 DNA。这两种物质的结构与功能都不相同。DNA 主要是携带和传递由"上一辈"传下来的遗传信息。RNA 则是转录 DNA 携带的信息，并据此指导合成新一代的蛋白质。孩子像父母，就是因为父母的遗传信息通过 DNA 传下来，再由 RNA "翻译"，合成新一代蛋白质的结果。因此，核酸就是"生命的使者"。

那么，核酸又是怎样携带遗传信息并用于合成新一代蛋白质的呢？科学家发现，核酸是由核苷酸聚合而成的，每个核苷酸是由磷酸、核糖（一种有五个碳原子的糖）和碱基组成的。这些碱基有多种，人们分别称它们为腺嘌呤（A）、鸟嘌呤（G）、胞嘧啶（C）、胸腺嘧啶（T）和尿嘧啶（U）。每个核苷酸上只有一个碱基。

单个的核苷酸挨个地连成一条链，然后这样的两条链并列，每个核苷酸上碱基的再依次横连起来，组成"绳梯"，然后再扭成"麻花"样，这就是 DNA 的结构——著名的"双螺旋结构"。因为每三个碱基可以组成一个"密码"，而一个 DNA 上的碱基可多达几百万个，所以 DNA 上的信息多得数不清。两条链间碱基横连时有一定的规则，A 只连 T 或 U，G 只连 C。如果一个链是…ATCGT…，那么另一条链就该是…T（U）AGCA…，这称为碱基配对法。这条法则非常有用，DNA 就是按这条法则，复制出一条与原来一模一样的复制品的。RNA 也是通过这一法则把 DNA 上的"密码"转录下来的。

如果碱基的顺序排错了，或有缺失、增加等现象，都会造成遗传上的差错，引起疾病，甚至死亡。

近几十年来，有关核酸的研究日新月异，且影响面非常之大，几乎涉及生命科学的各个领域。核酸生物学的发展使人类对生命本质的认识进入了一个崭新的天地。

12. 千姿百态的微生物

微生物是包括细菌、病毒、真菌以及一些小型的原生生物、显微藻类等在内的一大类生物群体。它们千姿百态，有些可引起食品气味和组织结构发生不良变化；有些可用来生产如奶酪、面包、泡菜、啤酒和葡萄酒等食品。

微生物非常小，必须通过显微镜放大 1000 倍才能用肉眼看到。目前世界上已知的最大的微生物是 1985 年三位生物学家在红海水域热带鱼的小肠管道中发现的费氏刺骨鱼菌，它外形酷似雪茄烟，长 200~500 微米，体积约为大肠杆菌的 100 万倍，这种微生物并不需要用显微镜放大观察，可直接用肉眼观察到。

目前世界上已知的最小的微生物是支原体。过去也译成"霉形体"，它是一类介于细菌和病毒之间的单细胞微生物。地球上已知的能独立生活的最小微生物，大小约为 100 纳米。支原体一般都是寄生生物，其中最有名的当属肺炎支原体，它能引起哺乳动物特别是牛的呼吸器官发生严重病变。

13. 微生物"化工厂"

微生物个体微小，与人类关系密切。它们涵盖了有益与有害的微小生物的众多种类，广泛涉及食品、医药、工业、农业、环保等诸多领域。

利用微生物开"化工厂"，就是将自然界中的微生物，通过基因工程培育出工程菌，再由它生产化工产品，这种生产方式称为生物发酵工程，它使具有几百年历史的化学工业相形见绌。

酒精工业是最早建立起来的化学工业之一。20 世纪 70 年代石油危机出现后，人们希望用酒精来代替汽油作为能源。现在科学家把霉菌淀粉酶基因移入大肠杆菌中，把淀粉分解为葡萄糖，再利用酵母菌把葡萄糖转化为酒精。这样，比用化学合成法生产酒精节省能源 60%，而且能缩短生产周期。

柠檬酸是人们熟悉的一种有机酸，常添加在汽水、糖果中以改善口味。柠檬酸最早是从柑橘中提取的。20 世纪 90 年代通过基因工程，用一种称为黑曲霉的微生物发酵淀粉来大量生产柠檬酸。现在，世界上 90% 以上的柠檬酸是用这种技术生产的。

微生物对人类最重要的影响之一是导致传染病的流行，50% 的人类疾病是由病毒引起的。微生物导致的人类疾病的历史，也是人类与之不断斗争的历史。在疾病的预防和治疗方面，人类虽已取得了长足的进展，但是新出现和再现的微生物感染还是不断发生，大量的病毒性疾病一直缺乏有效的治疗药物。

14. 发酵工程与"人造肉"

现代发酵工程，就是利用微生物的许多特殊本领，通过现代的工程技术手段来生产人类所需的物质，或者把微生物直接应用于工业生产中的一类技术。它以微生物发酵为主，因此又叫微生物工程。

"人造肉"又称大豆蛋白肉，它实际是一种对肉类形色和味道进行模仿的豆制品。人造肉主要由大豆蛋白制成，因为其富含大量的蛋白质和少量的脂肪，所以人造肉是一种健康的食品。

细菌、酵母菌和小球藻等生物，整个身体只由一个细胞构成，它们身体的主要成分是核酸和蛋白质。用发酵工程技术手段培养这些单细胞微生物，就可以得到大量的单细胞蛋白质。

用发酵工程生产单细胞蛋白质，繁殖速度快。一头体重 500 千克的牛，每天只能合成 0.5 千克蛋白质。而 500 千克的活菌体，只要条件合适，在 24 小时内能够生产 1250 千克蛋白质。生产单细胞蛋白质的原料十分丰富，农作物的秸秆、农副产品加工业的大量废水和废渣以及石油产品、甲醇，都可用来发酵生产单细胞蛋白质。这些单细胞蛋白质的蛋白质含量高，可达细胞干重的 70%，比一般植物高出 4~6 倍。

单细胞蛋白质营养丰富，含有大量的氨基酸、维生素、矿物质和可供利用的其他营养成分，因而既可做饲料又可做食品。用单细胞蛋白质喂养家畜和家禽，使之长得快，产奶多，产蛋率高，并且能增强机体的抗病力。作为人类食品，单细胞蛋白质含有人体必需的 8 种氨基酸。如成人每天吃 10～15 克干酵母，就能满足人体对营养物质的需求。

15. 基因工程与"灵丹妙药"

现代基因工程的崛起，为人类创造"灵丹妙药"提供了崭新的手段。

干扰素是一种广谱抗病毒剂，并不直接杀伤或抑制病毒，而主要是通过细胞表面受体作用使细胞产生抗病毒蛋白，从而抑制病毒的复制。

干扰素能抗多种病毒，并有一定的抗癌效果，对人体的正常机能又没有影响，所以有人把干扰素称作"灵丹妙药"。

干扰素是从人体血液的白细胞中提取的，这种提取不仅操作复杂，而且产量低、成本高，远远满足不了社会对干扰素的需求。人们试图将干扰素的基因转移到细菌中进行发酵，生产干扰素。这项工程，美国率先获得成功，并已开始大规模生产。用这种方法，在一两天内，每个菌体能产生 20 万个干扰素分子。而过去用白细胞生产，每个细胞最多只能生产 100～1000 个干扰素分子。

全世界携带肝炎病毒的人约有 2 亿多，现在还没有一种非常有效的防治方法。乙型肝炎疫苗是预防肝炎的重要药物，过去只能从肝炎病人的血清中制备，产量少、价格高。利用基因工程的方法，可以把乙型肝炎病毒表面抗原基因转移到细菌中去，让细菌生产大量的乙肝疫苗。这种疫苗已有许多国家研制成功，为乙型肝炎疫苗工厂化生产打下了基础。

此外，尿激酶、肠促胰分泌激素、流感疫苗等，都可以用基因工程来生产。用基因工程生产出来的这些药物有奇特的疗效，称得上是世界上真正的"灵丹妙药"。

16. 基因工程与新品种创造

基因工程又称基因拼接技术或 DNA 重组技术，是以分子遗传学为理论基础，以分子生物学和微生物学的现代方法为手段，将不同来源的基因按预先设计的蓝图，在体外构建杂种 DNA 分子，然后导入活细胞，以改变生物原有的遗传性，获得新品种，生产新产品。

现代基因工程的兴起，为创造新品种开辟了广阔的途径。利用物理因素或化学因素处理动植物，使它们的基因发生变化，可以产生新的生物品种。青霉素在医学上应用很广，而原来的青霉素生产菌生产的青霉素产量很低，难以满足人们的需要。后来，用 X 射线照射青霉素生产菌而育成青霉素高产菌，使青霉素的产量提高了约 1000 倍。用同样的方法处理卡那霉素、庆大霉素、链霉素等，同样获得高产菌株。

由于不良性状的基因和优良性状的基因常常连锁在一起，决定了传统育种方法只是在偶然的机会中才能选出性状优良的品种。在分子水平上下功夫的基因工程，能将人们需要的优良基因分离提纯，然后转移到动植物体内。用于农作物，就能培育出高产、优质、抗病的新品种。

基因工程虽然还不能完全代替传统的育种方法，但这项新技术极容易打破物种与物种之间的天然屏障以及种间的界限，有可能在动物和植物之间，动物、植物和微生物之间取长补短，创造出自然界从未有过的新品种。

17. 生物导弹与癌症

在人体内数以亿计的细胞中，有一个至少由 20 个所谓原始致癌基因组成的"小集团"。这些原始致癌基因一旦遇到辐射、进入人体的某些化学物质，或其他环境方面的影响就会发生变异，或者过分活跃，开始无节制地分裂，并且在人体内不断转移、扩散，贪婪地吞噬人体的养分，直到病人死亡。

癌细胞具有顽强的生命力，几乎能击败人体内的任何防御机能，还能像超级间谍那样进行伪装，逃避人体的免疫系统。在治疗过程中，癌细胞还能转移，与主要肿瘤脱离，通过血液或淋巴扩散，狡猾地潜入人体的其他部位，往往使手术和放射治疗都功亏一篑。

科学家经过深入的研究，发现了单克隆抗体——这个治疗癌症的有效武器。这是借助新兴的生物工程技术——细胞融合技术，将免疫淋巴细胞与瘤细胞融合成杂交瘤细胞，这种细胞经过无性繁殖成株，即为单克隆，它可分泌出具有免疫性的抗体，叫作单克隆抗体。

1975 年，分子生物学家克勒和米尔斯坦在自然杂交技术的基础上，创建立杂交瘤技术。他们把可在体外培养大量增殖的小鼠骨髓瘤细胞与经抗原免疫后的纯系小鼠淋巴细胞融合，成为杂交细胞系，既具有瘤细胞易于在体外无限增殖的特性，又具有合成和分泌特异性抗体的特点。

单克隆抗体的纯度高，特异性强，能准确地识别细菌、病毒、蛋白质和激素等抗原物质的细微差异，并与特定的抗原发生特异性结合。还可以与放射性同位素、化学药物等结合在一起。单克隆抗体就像机警的警犬发现敌情一样，进入人体后就能很快扑向癌细胞，揭穿癌细胞的伪装，不仅向人们报告癌细胞的确切位置，还能在原位杀死癌细胞，而对其他正常细胞毫无损伤。人们把这种单克隆抗体称作"生物导弹"，把这种治疗方法比喻为"导弹疗法"。

三、神奇的动物

1. 水母的顺风耳

"燕子低飞行将雨，蝉鸣雨中天放晴。"生物的行为与天气的变化有一定关系。沿海渔民都知道，生活在沿岸的鱼和水母成批地游向大海，就预示着风暴即将来临。

水母又叫海蜇，是一种古老的腔肠动物，早在5亿年前它就漂浮在海洋里了。水母寿命很短，平均只有数个月。全世界的水域中有超过两百种的水母，它们分布于全球各地的海水中。水母的形状大小各不相同，最大的水母的触手可以延伸约十米远。这种低等动物有预测风暴的本能，每当风暴来临前，它就游向大海深处避难去了。

原来，在蓝色的海洋上，由空气和波浪摩擦而产生的次声波（频率为每秒 8～13 次），总是风暴来临的前奏曲。人耳无法听到这种次声波，小小的水母却很敏感。仿生学家发现，水母耳朵的共振腔里长着一个细柄，柄上有个小球，球内有块小小的听石，当风暴前的次声波冲击水母耳中的听石时，听石就刺激球壁上的神经感受器，于是水母就听到了正在来临的风暴的隆隆声。

仿生学家仿照水母耳朵的结构和功能，设计了水母耳风暴预测仪，相当精确地模拟了水母感受次声波的器官。把这种仪器安装在舰船的前甲板上，当接受到风暴的次声波时，可令旋转 360°的喇叭自行停止旋转，它所指的方向，就是风暴前进的方向，指示器上的读数还可告知风暴的强度。这种预测仪能提前 15 小时对风暴作出预报，对航海和渔业的安全都有重要意义。

2. 蛙眼的启示

青蛙捕虫的本领很大，当有小飞虫从眼前飞过时，它便一跃而起，准确地把虫抓住。但奇怪的是，蛙类那双凸起的眼睛，对静止的东西却"视而不见"，即使有苍蝇待在眼前，也不会引起它的注意。

自然界中生物的奇特本领，常常引起人们的浓厚兴趣。仿生学家模仿青蛙的眼睛，发明了电子蛙眼。

科学家对蛙眼的结构进行了研究，发现它的里面有四种神经细胞，也就是四种"检测器"，它们的形状、大小和树突分支各不相同，每种细胞"检测"范围的大小和轴突传导信号的速度也各不相同。

第一种神经细胞叫"反差检测器"，它能感觉运动目标暗色前后缘；第二种叫"运动凸边检测器"，对有轮廓的暗颜色目标的凸边产生反应；第三种叫"边缘检测器"，对静止和运动物体的边缘感觉最灵敏；第四种叫"变暗检测器"，只要光的强度减弱了，它就立刻反应。青蛙在这四种神经细胞的作用下，能把一个复杂图像分解成几种容易辨别的特征，然后传送到脑的视觉中心，经过综合就能看到原来的完整图像。

人们根据蛙眼的视觉原理，已成功研制出一种电子蛙眼。这种电子蛙眼能像真的蛙眼那样，准确无误地识别特定形状的物体。

现代战争中，敌方可能发射导弹来攻击我方目标。这时我方可以发射反导弹截击对方的导弹，但敌方为了迷惑我方，又可能发射信号来扰乱我方的视线。在战场上，敌人的飞机、坦克、舰艇发射的真假导弹都处于快速运动之中，要克敌制胜，必须及时把真假导弹区别开来。电子蛙眼和雷达相配合，就可以像蛙眼一样，敏锐迅速地跟踪飞行中的真目标。

电子蛙眼还广泛应用在机场及交通要道上。在机场，它能监视飞机的起飞与降落，若发现飞机将要发生碰撞，能及时发出警报。在交通要道，它能指挥车辆的行驶，防止车辆发生碰撞事故。

3. 蝙蝠的回声定位

蝙蝠善于夜飞。尽管在漆黑的夜晚，它照样忽上忽下，急剧地变换着飞行方向和速度，捕捉飞虫做食物，从不会撞到什么东西。原来，蝙蝠是用耳朵"看清"外界一切的，把蝙蝠的眼睛蒙起来，它仍然能正常飞行。但如果把蝙蝠的双耳塞住，它就会到处碰壁；取下耳塞，蝙蝠又开始正常飞行了。

科学测量发现，蝙蝠是用超声波定位器来确定方位的。在飞行过程中，蝙蝠的喉内产生一种超声波，通过嘴或鼻孔发射出来。遇到物体时，超声波便被反射回来，由蝙蝠的耳朵接收回声，判定目标和距离。人们把这种根据回声探测目标的方法，称为"回声定位"。动物的"回声定位"是指动物通过发射声波，利用从物体反射回来的回波进行空间定向的方式，它有捕捉猎物和回避物体两种作用。

蝙蝠的回声定位器是非常精致的导航仪器，所以它能在拉紧的细铁丝间飞来飞去。

蝙蝠的分辨能力也是惊人的。有一种在热带生活、专吃鱼的食鱼蝠，常常在水面上飞行觅食。它向水里发射超声波，尽管超声波遇到鱼体反射回来的信号非常微弱，但食鱼蝠仍能听到回声，并迅速降落到水面把鱼抓住。食鱼蝠的探测本领引起了军事科学家的注意，他们想仿制出一种能在飞机上发现潜水艇的雷达，以准确地打击水中的潜水艇。

海豚和蝙蝠并没有多少相似之处，然而它们却有同一个超能力：都可以通过发出尖锐声音和监听回声来捕捉猎物。一项研究显示，该能力是它们各自通过相同的基因突变而形成的。这表明，即使差异很大的动物，也会通过相同的进化步骤，形成新特征。

人类利用"回声定位"可以用来监测鱼群、潜水艇和沉到海底的船。

4. 表演家——海狮

海狮吼声如狮，且个别种颈部长有鬃毛，又颇像狮子，故而得名海狮。

海狮的后脚能向前弯曲，使它既能在陆地上灵活行走，又能像狗那样蹲在地上。虽然海狮有时也到陆地上来，但海洋才是它真正的家。它的四脚像鳍，很适于在水中游泳。海狮只有在海里才能捕到食物、避开敌人，因此一年中的大部分时间，它们都在海上巡游觅食。海狮主要以鱼类和乌贼等头足类动物为食。它的食量很大，如身体粗壮的公海狮，在饲养条件下一天要喂近40公斤的鱼。

海狮还是一种十分聪明的海兽。经人训练之后，能表演顶球、钻圈、倒立行走以及跳过距水面1.5米高的绳索等技艺。在很多国家、很多城市的动物园里都有海狮这种动物及其表演，所以海狮是小朋友们的好伙伴。

海狮对人类帮助最大的莫过于替人潜至海底打捞沉入

海中的东西。自古以来，物品沉入海洋就意味着有去无还，可是在科学发达的今天，一些宝贵的试验材料必须找回来，比如从太空返回地球而落于海洋里的人造卫星，以及向海域所做的发射试验的溅落物等。当水深超过一定限度，潜水员也无法下潜，可是海狮却有着高超的潜水本领，人们可求助它来完成一些潜水任务。

5. 长发美女——儒艮

在我国广东、广西、台湾等省的沿海生活着一种海兽，叫儒艮。"儒艮"是由马来语直接音译而来的，也有人称它为"南海牛"。它与海牛目的其他动物的最大区别在于，海牛的尾部呈圆形，而儒艮尾部的形状与海豚尾部相似。

儒艮是海洋中唯一的草食性哺乳动物，看上去它是庞然大物，但实际上它一点也不凶。儒艮以海藻、水草等多汁的水生植物以及含纤维的灯心草、禾草类为食。儒艮每天要消耗45公斤以上的水生植物，所以它有很大一部分时间用在摄食上。儒艮体长3米左右，体重可达400公斤，行动迟缓，从不远离海岸。

在人类历史上，几千年前便开始对儒艮进行捕杀，食肉榨油，骨可雕物，皮可制革，迄今儒艮数量已极为稀少。因此，儒艮已被列为国家一级保护动物。

儒艮长期生活在海沟之中，以海沟上淹没在海水下的海草为食，每隔半个小时左右就要出水换气，通常像人类一样怀抱小儒艮喂奶。有人传说，儒艮出海时头上偶尔会披海草，所以被人们描绘为"头披长发的美女"。

6. 黑暗中的光明——会发光的鱼

在海洋世界里，无论是广袤无际的海面，还是万米深渊的海底，都生活着形形色色、光怪陆离的发光生物，景象如《西游记》里的"南海龙宫"，正是它们给没有阳光的深海和黑夜笼罩的海面带来光明。

事实上，在黑暗层至少有44%的鱼类具备自身发光的本领，以便在长夜里能够看见其他物体，方便捕食，或寻找同伴和配偶。有些鱼类，例如我国东南沿海的龙头鱼，是由身上附着的发光细菌发光，而更多的鱼类则是由鱼本身的发光器官发光。

鱼类发光的生物学意义在于：一是诱捕食物，二是吸引异性，三是种群联系，四是迷惑敌人。

鱼类发光是由一种特殊酶的催化作用而引起的生化反应。发光的荧光素受到荧光酶的催化作用，吸收能量，变成氧化荧光素，释放出光子而发出亮光。这是化学发光的特殊例子，即只发光不发热。有的鱼能发射白光和蓝光，也有一些鱼能发射红、黄、绿和鬼火般的微光，还有些鱼能同时发出几种不同颜色的光。例如，深海的一种鱼具有大的发光器官，能发出蓝光和淡红光，而遍布全身的其他微小发光点则发出黄光。

7. 海洋智叟——海豚

以往人们以为在动物界中猴子是最聪明的。但事实证明，海豚比猴子还要聪明。有些技艺，猴子要经过几百次训练才能学会，而海豚只需二十几次就能学会。如果用动物的脑占身体重量的百分比来衡量动物的聪明程度，那么海豚仅次于人类，而猴子名列第三。

海豚经过训练后，不仅可以表演各种技艺，例如顶球、钻火圈……而且在人的特殊驯养下，还可以充当人的助手，戴上抓取器可以潜至海底打捞沉入海底中的物品，如实验用的火箭、导弹等，或给从事水下作业的人员传递信息和工具，还能进行军事侦察，甚至充当"敢死队"，携带炸药和弹头冲击敌舰或炸毁敌方水下导弹发射装置。

8. 美丽的五彩星——海星

海星是棘皮动物门的一纲，下分海燕和海盘车两科，不过人们都俗称其为海星或"星鱼"。

海星与海参、海胆同属棘皮动物，它们通常有五个腕，也有四个、六个腕的，有的甚至多达四十个腕，在这些腕的下侧并排长有四列密密的管足。管足既能用于捕获猎物，又能让自己攀附岩礁。大个儿的海星有好几千管足。

海星的嘴在其身体下侧中部，可与其爬过的物体表面直接接触。海星的体型大小不一，体色也不尽相同，几乎每只都有差别，最多的颜色是橘黄色、红色、紫色、黄色和青色。

海星主要分布于世界各地的浅海底的沙地或礁石上。海星对我们并不陌生，在海滩边我们经常能看到冲上岸的海星。然而，我们对它的生态却了解甚少。海星看上去不像是动物，而且从其外观和缓慢的动作来看，很难想象出海星竟是一种贪婪的食肉动物，它对海洋生态系统和生物进化还起着非同凡响的重要作用，这也就是它为何在世界上广泛分布的原因。

9. 盛开不败的"海菊花"——海葵

陆地上的菊花秋季开放，而在烟波浩渺的海洋中，却有一年四季盛开不败的"海菊花"，它们就是海葵。海葵形态繁多，有上千种，一般呈圆筒状，体色艳丽，基部附着在岩石、贝壳、沙砾或海底。海葵上端是圆形的盘，周围有几条到上千条菊瓣似的触手，它们在水中随波摇曳，一张一合，如花似锦。

生活在礁盘的大海葵，有天蓝色、黄色的触手，组成鲜艳的"花丛"，游鱼和小虾争相嬉戏于"花丛"之中，一旦被其触手中的刺细胞刺中，便被麻痹，最后被触手卷入口中，成为海葵的美餐。独有那色彩鲜艳的小丑鱼才可与其共栖，互利互惠。有些生物学家认为，海葵的寿命长达300年，所以这"海菊花"可长开300年而不谢，这是陆生菊花无法相比的。

10. 攀岩高手——岩羊

岩羊又叫崖羊、石羊、青羊等，体型中等，形态介于野山羊与野绵羊之间。雌雄岩羊都长有角，但雄羊角粗大似牛角，微向下，朝后上方弯曲。岩羊以青草和各种灌丛枝叶为食，冬季啃食枯草。它们还常到固定的地点饮水，但到寒冷季节也会舔食冰雪。悬崖峭壁上只要有岩羊的一脚之棱，它便能攀登上去，一跳可达 2~3 米，若从高处向下更能纵身一跃 10 多米而不致摔伤，是真正的攀岩高手。它的主要天敌是雪豹、豺、狼以及秃鹫和金雕等大型猛禽。岩羊主要分布于中国青藏高原、四川西部、甘肃、宁夏等地，是国家二级重点保护野生动物。

11. 中国文化元素之一——虎

虎属于大型猫科动物，毛色呈浅黄色或棕黄色，间有黑色横纹。虎的四肢健壮有力，尾巴又粗又长，有黑色环纹。

虎是典型的山地林栖动物，在南方的热带雨林、常绿阔叶林，以至北方的落叶阔叶林和针阔叶混交林中都能很好地生活。

虎通常单独活动，只有在繁殖季节雌雄虎才会在一起生活。虎基本无固定巢穴，经常在山林间游荡寻食。虎的本领不少，不仅能爬树，还会游戏。近几十年由于林区开发、人口激增，过去偏远地区都已发展为村镇，加上乱砍滥伐，虎的生存活动场所大大缩减，食物来源匮乏，数量不断下降。

中国虎文化源远流长，它很早就成为人们的图腾之一。由于虎的形象威风凛凛，因此自古以来就被用以象征军人的勇敢和坚强，如虎将、虎臣、虎士等。古代调兵遣将的兵符上面就用黄金刻上一只老虎，称为虎符。在文字、语言、诗歌、文学、雕塑、绘画、小说、戏曲、民俗以及更为广泛的民间传说、神话、故事、儿歌等传统文化的各个领域里，虎的形象无所不在，成为中华文明不可或缺的一部分。

12. 地球上数量最多的动物群体——昆虫

昆虫是地球上数量最多的动物群体，它们的踪迹几乎遍布世界的每一个角落。昆虫不但种类繁多，而且同种的个体数量也十分惊人。目前，人类已知的昆虫约有 100 万种，但仍然有许多种类尚待发现。

昆虫在分类学上属于节肢动物门，具有节肢动物的共同特征。昆虫纲不但是节肢动物门中最大的一纲，也是动物界中最大的一纲。

13. 昆虫之最

皇蛾是世界上最大的蛾。它的翼面有 400 平方厘米之广，翼展可达 30 厘米。因为其翼面图案形似地图，前翅末端部分像蛇的头部，以此来威慑捕食者。皇蛾成虫没有口器，仅靠幼虫时期残存在体内的脂肪生存，生命大概只有一到两周。雌蛾通过腹部末端的腺体分泌激素，而雄蛾即使在几千米外仍能感应到。成虫迅速交配，之后雌蛾产卵，消耗完体内的脂肪后便死去。

从重量来说，世界上最重的昆虫是美洲的巨大犀金龟。这种犀金龟的体长可达 155 毫米，体宽可达 100 毫米，好比一只大鹅蛋。犀金龟的重量可达 100 克，相当于两个鸡蛋的重量。

从体长来说，世界上最长的昆虫是生活在马来半岛的一种竹节虫，其体长有 270 毫米，比一支铅笔还要长。

世界上最小、最轻的昆虫是一种卵蜂，体长仅 0.21 毫米，其重量也极其轻微，只有 0.005 毫克，约 20 万只卵蜂才有 1 克重，1000 万只才有一个鸡蛋那么重。

14. 特殊的间谍——昆虫

随着科学技术的发展，许多仪器已达到相当微型化的程度。间谍一直是获取情报的重要途径，人们发明了只有大头针头那么小的窃听器，把这种微型窃听器装在苍蝇、臭虫等昆虫的背上，这些昆虫就成了特殊的"间谍"。这些赋有特殊使命的昆虫飞进或爬进戒备森严的敌方政府机关、军事机关的办公室、指挥所窃取情报。为了避免昆虫飞行时翅膀振动干扰窃听效果，这些"昆虫间谍"在派出前，往往要先闻一点神经毒气，使其进入目标后不久便死亡。这样，昆虫背上的微型发射机，便把窃取的情报神不知鬼不觉地发射出去。间谍机关把这些信息接收下来，供有关部门分析使用。

15. 餐桌上的美味——昆虫

提起昆虫，人们就会想到蚂蚁、蟋蟀、蜻蜓、蚂蚱、蝉、毛毛虫等各种奇形怪状的小动物。这些小动物捉来观赏一下未尝不可，但要作为食物吃进肚子中，可能就有很多人觉得难以想象，说不定还会恶心呕吐。

其实，昆虫作为人类食物的历史源远流长，世界上许多国家和地区，都有食用昆虫的习惯。柬埔寨人吃一种巨型黑蜘蛛，中国的云南、贵州等地的一些少数民族食用蚂蚁、蝉、竹虫等。昆虫不仅含有丰富的有机物质如蛋白质、脂肪、碳水化合物，无机物质如钾、钠、磷、铁、钙等，各种盐类的含量也很丰富，还有人体所需的氨基酸。根据资料分析，每100毫升的昆虫血浆中含有游离氨基酸24.4~34.4毫克，远远高出人血浆的游离氨基酸含量。昆虫体内的蛋白质含量也极高，烤干的蝉含有72%的蛋白质，黄蜂含有81%的蛋白质，白蚁体内的蛋白质比牛肉还高，100克的白蚁能产生500卡热量，100克牛肉却只能产生30卡热量。昆虫作为食品除了有上述优点外，还有世代短、繁殖快、容易获取等特点。因而在野外遇险时，昆虫往往是遇险者的首选食物。

16. 蚂蚁的奇特功能

小小蚂蚁认路的本领很强，在树林中复杂的环境里从不迷路。它认路主要靠眼睛，能凭借陆地上和天空的景物辨别方向。蚂蚁还可以根据气味认路，有些蚂蚁会在它们爬过的地面上留下一种气味，在返回来的时候就根据这种气味确定路线。

蚂蚁不仅认路本领强，而且还很勤劳，经常到离巢很远的地方找食物。小蚂蚁找到食物，要是吃不了，又拖不走，就会急忙奔向巢穴去"搬救兵"，把别的蚂蚁领来。它们或者把食物分成小块，各自衔一块带回去，或是同心协力把食物运回巢穴中。那么蚂蚁是靠什么来把消息通知给同伴的呢？它招呼同伴就靠头上的那对触角，它们用触角互相碰撞来传递信号。如果食物又大又合胃口，触角就摆动得特别猛烈。

17．什么才是鱼

有不少人对鱼类的概念存有误解，看到在水中生活而外形像鱼，或者名字中有个"鱼"字的动物，便以为属于鱼类。比如鲸鱼，属于哺乳动物；墨鱼，属于软体动物；鲍鱼，属于软体动物；甲鱼，属于爬行动物；娃娃鱼，属于两栖动物；鳄鱼，属于爬行动物等，便常遭此身份被误解之委屈。一般而言，一种动物必须符合四点才能算是鱼：

（1）必须是终生生活在水中的脊椎动物；少部分鱼能短时间待在陆地上；

（2）通过尾部和躯干部的摆动以及鳍的协调作用游泳（运动）；

（3）呼吸主要依靠鳃；

（4）体表常有鳞片覆盖。

18. 天然医药库——鱼类

鱼类不仅为人类提供大量的食材，而且很多鱼类还具有药用价值。常作药用的有海马、海龙、黄鳝、鲤鱼、鲫鱼、鲟鱼（鳔为鱼鳔胶）、大黄鱼（耳石为鱼脑石）、鲨鱼等。另外，很多鱼还常用作医药工业的原料，例如鳕鱼、鲨鱼或鳐的肝是提取鱼肝油（维生素 A 和维生素 D）的主要原料。从各种鱼肉里可提取蛋白质、细胞色素 C、卵磷脂、脑磷脂等。河鲀的肝脏和卵巢里含有大量的河鲀毒素，可以提取出来用于治疗神经病、痉挛、肿瘤等病症。大型鱼类的胆汁可以提制"胆色素钙盐"，是人工制造牛黄的原料。

19. 世界上最大的淡水鱼——湄公河鲶鱼

据统计，目前世界上最大淡水鱼的纪录保持者是湄公河巨型鲶鱼，体长约 2.7 米。体形像一只灰熊般巨大的鲶鱼，在东南亚地区的湄公河被发现，这是目前有记录的最大的一条淡水鱼。尽管当地村民为维持巨鲶的生命做了努力，但它最终还是死掉了，随后这条巨鲶就成为当地村民的美餐。湄公河巨鲶已被列入严重濒临灭绝物种名单中。湄公河流经的泰国与老挝的村民都承诺，今后不会再捕杀巨鲶，这被称为近 10 年来保护湄公河巨鲶的最大进展。世界自然保护联盟将这种鱼的濒危等级列为极危，也就是说，它们离灭绝只有一步之遥。

20. 世界上最小的鸟——蜂鸟

世界上最小的鸟是蜂鸟，它的大小和蜜蜂差不多，身体长度不足 5 厘米，体重仅 2 克左右。它们主要分布在南美洲和中美洲的森林地带。由于它们在飞行时能发出"嗡嗡"的响声，因而被人们称为蜂鸟。蜂鸟的种类繁多，粗略估计，约有 300 多种，羽毛也十分鲜艳，所以有"神鸟""彗星""森林女神"和"花冠"等称呼。蜂鸟虽然身体娇小，羽毛华丽，但飞行本领非凡。它的翅膀非常灵活，每秒钟能振动 50～70 次，飞行的速度也很快，时速可达 50 千米，人们往往只听到它的声音，却看不清它的身影。蜂鸟在百花盛开、草木繁茂的季节外出觅食，以花蜜和小昆虫为生。

21. 世界上最大的鸟——鸵鸟

世界上最大的鸟是鸵鸟。说它是鸟，是因为它具有鸟类的特征，但它却是一种善跑而不会飞的鸟，属鸵形目，鸵鸟科。雄性成鸟身高可达 2.5 米，不过它的头颈几乎占去了一半，体重可达 155 千克。雌性的体型稍小一些。鸵鸟蛋形似鸭蛋，但其蛋长可达 20 厘米，重达 1.35 千克，是现在所有的鸟蛋中最大的。

鸵鸟通常成群活动，种群数量 5～50 只不等。喜欢和在草地上吃草的动物做伴。依靠强壮的双脚，它们可以逃避敌人。鸵鸟的脚很独特，只有两个趾，是世界上唯一的 2

趾鸟，较大的趾长得像蹄一样。受惊的鸵鸟逃跑的时候，速度可达到每小时 65 千米。被逼急了的时候，它还会用脚来踢，给对方造成很大的威胁。

鸵鸟以植物为主食，但有时也会捕捉一些小动物。鸵鸟可以很长时间不喝水而照样生存。每到繁殖季节，雄鸵鸟和 3~5 只雌鸟同窝。如有外来者窥视，它会发出愤怒的吼声或嘶嘶声驱赶来犯者。

鸵鸟的窝一般筑在地面上，雌鸟一窝可产 15~60 个亮晶晶的蛋，晚上由雄鸟坐着看守，白天再由雌鸟替换。小鸵鸟在孵化 40 天以后出壳。一个月后，它们就可以和成鸟一起奔跑。为了躲避危险，小鸵鸟会和鸟一样，躺在地下隐蔽起来，只把头伸出来。这种习性后来被人误认为是鸵鸟在遇到危险时，会把头埋在沙土里。

22. 河马为什么喜欢泡在水里

在动物园里看到的河马总是在水池子里泡着，那样子看上去非常悠闲自得。在电视上或电影里看到的河马，也都是泡在水里的。我们很少看到在岸上活动的河马，那么，为什么河马喜欢待在水里呢？

河马虽然身体庞大，但是它没有对付敌害的武器，所以白天它便待在危险很少的水里舒舒服服地休息，等晚上危险减少了才爬上岸来吃草，到了天亮又回到水中去歇息。此外，河马生活在非洲，那里气候相当炎热，所以它在水里也是为了适应环境，躲避酷热。这是动物为了适应生存的环境所养成的习惯。

23. 小白兔的眼睛为什么是红色的

黑兔是兔子，白兔也是兔子，但是它们的眼睛却有不同的颜色，前者发黑，而后者却发红。这是怎么回事呢？

原来，在黑兔的体内，有具有保护作用的黑色素存在。所以，它们的眼睛呈黑茶色。白兔由于遗传的变异而完全失去了这种色素，所以它们的眼睛变得很透明，以至于能清楚地看到里面的毛细血管。也就是说，白兔眼睛里的红色是血管中血液的颜色。

24. 生物进化之自然选择

在漫长的历史长河中，所有的动物都会随时间的改变而发生变化，而这种变化是一个非常缓慢而渐进的过程，这在生物学上就叫作进化。生物的进化是一个很复杂的过程。但生物的进化无不是经历由简单到复杂、由水生到陆生、由低等到高等这样一个漫长的演化过程。但是这个进化过程并不是一帆风顺、直线上升的，而是曲折的以螺旋式上升的，它的每个循环在生物史上都是一次飞跃。

而今，或是由于自然环境的巨变，或是由于人类行为的影响，许多动物都不复存在了，因为它们的后代在自然条件的影响下经常发生变异，适应自然条件的动物可以生存、发展，而不适应自然条件的动物则被淘汰，这种适者生存的过程就叫作自然选择。那些被淘汰的动物的遗体在大自然环境的作用下，以石头的形式保存下来，就形成了化石。化石是当前科学家研究古生物的主要依据。

25. 巧判动物年龄

知道动物的年龄，特别是饲养动物或受保护动物，具有重要的意义，这样可使其群体经常保持年轻健壮，以保证它们能良好地繁衍下去。简单地说，动物的年龄可以根据它们的各种特征来判断。以鹿为例，公鹿在2岁时长出瘤状的小角，3岁时长成大角，4岁时分成两个叉，5岁时分成三个叉，6岁时则分为4个叉，到7岁以上就不再分叉了。其他的野生动物，没有像鹿那样明显的年龄特征，但也能根据体格、毛色和行为来判断它们的年龄。鲸和象那样的大型动物，则只要取其牙齿在显微镜下鉴定就可知道它的年龄了。

26. 哺乳纲

哺乳纲是脊椎动物亚门的一纲，也称兽类。它们全身披毛、运动速度快、恒温胎生、体内有膈，是脊椎动物中躯体结构、功能行为最为复杂的类群，因能通过乳腺分泌乳汁来哺育幼仔而得名。

哺乳动物分布于世界各地，陆上、地下、水里和空中都有它们的身影；营养方式有草食、肉食和杂食三种类型。哺乳纲动物现存约5000种，占地球上所有物种的0.4%。其中，啮齿类动物是哺乳纲动物中物种最多的一类。

27. 变温动物

地球上的动物大部分都是变温动物。变温动物又称冷血动物，但并不是需要寒冷，只是因为它们的体内没有自身调节体温的机制，仅能依靠自身行为来调节体热的散发或从外界环境中吸收热量来提高自身的体温。当外界环境的温度升高时，它们的代谢率随之升高，体温也逐渐上升；当外界环境的温度降低时，它们的代谢率也随之降低，体温也逐渐下降。所以它们或是移向阳光下取暖来提高体温，或是游向温暖水域保持体温，或是钻进地下、洞穴中进行冬眠。

28. 恒温动物

恒温动物在动物学中指的是那些能够调节自身体温的动物，它们的活动性并不像变温动物那样依赖外界温度。鸟和哺乳动物会通过新陈代谢产生稳定的体温，这体现在基础代谢率上。恒温动物的基础代谢率远高于变温动物，它们的体温调节系统保证体温的恒定，并且能在外界温度升高的状态下排出热量，这一过程通常通过液体的蒸发实现，如人类的汗和狗的喘息，还有猫的舔舐。

29. 中温动物

中温动物是介于变温动物和恒温动物之间的一种动物，已被包括金枪鱼、鼠鲨和棱皮龟在内的动物所占领。中温动物在身体内部燃烧能量以控制它们的体温，但与哺乳动物或鸟类不同，前者并不会提供一个恒定的温度。例如，金枪鱼的体温通常会比周围的水温高20℃，除非它们潜入更加寒冷的海底——此时这种鱼类的新陈代谢速率也会骤然下降，体温也会随之降低。

30. 两栖动物

两栖动物的卵没有卵壳，具有四肢和脊椎。它们的皮肤裸露，表面没有鳞片、毛发等覆盖，但是可以分泌黏液以保持身体的湿润。两栖动物的幼体在水中生活，用鳃进行呼吸，长大后用肺兼皮肤呼吸。两栖动物可以爬上陆地，但其一生都离不开水。两栖动物是脊椎动物从水栖到陆栖的过渡类型。它们由鱼类进化而来，属于冷血动物。长期的物种进化使两栖动物既能活跃在陆地上，又能游动于水中。与动物界中其他物种相比，地球上现存的两栖动物种类较少，目前正式被确认的约有4350种，分无足目、无尾目和有尾目三目。

最早的两栖动物是出现于古生代泥盆纪晚期的鱼石螈和棘鱼石螈，它们拥有较多鱼类的特征，如尚保留有尾鳍，并且未能很好地适应陆地的生活。鱼石螈和棘鱼石螈代表了鱼类和两栖动物之间的过渡类型，但是新近的研究表明它们只是两栖动物早期进化的一个旁支，不是其他两栖动物的祖先，真正最原始的两栖动物尚待发现。

31. 食肉动物

食肉动物的四肢强劲，灵活性非常强，牙齿尖锐而有力，上裂齿两个大齿尖和下裂齿外侧的两个大齿尖在咬合时像尖锐的刺刀，可将韧带、软骨切断。食肉动物的大齿异常粗大，长而尖，颇锋利，起刺穿作用。它们在野外的攻击性也较强，速度也较快。

陆地肉食动物有北极熊、棕熊、黑熊、狮子、老虎、美洲豹、美洲狮、豺、非洲野狗、猎豹、云豹等。

海洋肉食动物有深海巨蟹、巨型章鱼、虎鲨、虎鲸、抹香鲸、蓝鲸、鲸鲨、海豚等。

32. 海洋生物

海洋生物是指海洋里的各种生物，包括海洋动物、海洋植物、微生物及病毒等，其中海洋动物包括无脊椎动物和脊椎动物。无脊椎动物包括各种螺类和贝类，脊椎动物包括各种鱼类和大型海洋动物，如鲸鱼、鲨鱼等。

海洋生物是一个数量巨大的群体，数目之巨大超过人们的想象。全世界的科学家目前正在进行一项空前的合作计划，为所有的海洋生物进行鉴定和编写名录。海洋里到底有多少种生物？一项综合全球海域数据的调查报告显示，目前已经在录的海洋鱼类有15304种，而预计海洋鱼类大约有2万种。而目前已知的海洋生物有21万种，预计实际的数量在这个数字的10倍以上，即210万种。

33. 能当医生的鱼

人能治病,有些鱼也能治病。在土耳其坎加尔温泉疗养区的水池中,有一些能帮人治疗牛皮癣等皮肤病的鱼类。每逢病人赤身裸体下到水中,它们就会立刻围拢过来,"轻吻"患者的疮疤,清除伤口上和病区表面的有害物质,使病人的疮疤在毫无痛感之下痊愈。

现在国内的很多温泉场所也有利用鱼儿治疗皮肤病的专区。

34. 会"钓鱼"的鱼

人会钓鱼,鱼也会钓鱼?听起来很奇怪。会钓鱼的古怪鱼就生活在深海中,名字叫"角鱼"。这种鱼的头上长着引诱须,就像我们人类手中的钓鱼竿,而须的顶端有一种最讨其他鱼喜欢的发光诱饵。这种发光诱饵实际上是一种发光的腺体,它能分泌出颗粒状的东西,里面有许多发光的细菌。它分泌出一种液体,养活了这种细菌,而细菌发光又能使它捕到小鱼,角鱼和发光细菌过着互利共生的生活。角鱼游泳的本领不高,在深暗的海洋里总是慢慢地滑行着,一路上它不时把引诱须向前伸出,闪烁的诱饵受肌肉的牵引,不时地抖动着。由于角鱼的这种动作,往往使一些迎光扑来的鱼以为找到了自己心爱的饵料,就用嘴巴去试探这种发光的诱饵。这一接触,就惊动了角鱼,它就马上把引诱须抬向后方,张开大嘴,形成一股向嘴巴流动的水流，把猎物轻而易举地吞入宽敞的口腔之中。

角鱼就是这样"不劳而获"，它自己不需要怎么动，小鱼就会自动地送到它的嘴边，成为它的猎物，这比我们人类钓鱼可高明多了。

35. 中国特有的珍稀动物

（1）大熊猫

大熊猫是中国特有种，是中国的国宝。现存的大熊猫主要分布在四川盆地周边的山区。全世界野生大熊猫现存数量可能不足 2000 只。大熊猫由于生育率低，加上对生活环境的要求相当高，在中国濒危动物红皮书等级中被评为濒危物种。

我国已建立多个大熊猫保护基地，通过人工干预帮助大熊猫进行人工繁殖，以增加大熊猫群体的数量。

（2）白鳍豚

白鳍豚也称为白鳍、白鳍鲸，是一种淡水鲸类动物，属于国家一级保护动物，是中国特有的珍稀水生哺乳动物，有"水中熊猫"之称，仅产于中国长江中下游流域。白鳍豚嘴巴长而尖，身体呈纺锤形，全身皮肤裸露无毛，喜欢群居，性情温顺谨慎，视听器官严重退化，声呐系统特别灵敏。

2006 年，近 40 名科学家对长江中下游的干流江段进行了地毯式搜索，没有发现一头白鳍豚，不少科学家怀疑白鳍豚可能已经灭绝了。

（3）扬子鳄

扬子鳄是中国特有的一种鳄鱼，俗称猪婆龙、土龙，是世界上体型最细小的鳄鱼品种之一，是中国国家一级保护动物，主要分布在长江中下游地区及太湖。当前，野生扬子鳄的数量可能已不足 200 条，其中约有 50 条为成年扬子鳄，其威胁主要来自栖息地的破坏。

（4）朱鹮

朱鹮古称朱鹭、红朱鹭，是雄雌同形同色的鸟类，成鸟全身羽色以白色为基调，但上下体的羽干以及飞羽略呈淡淡的粉红色。喜欢栖息在高大的乔木顶端，在水田、沼泽、山区溪流附近觅食。国际鸟类保护委员会在 1960 年将朱鹮列入国际保护鸟的名单中。

（5）金丝猴

金丝猴是脊椎动物，哺乳纲，灵长目，猴科，疣猴亚科，仰鼻猴属。金丝猴是我国特有的动物，属于国家一级保护动物。它鼻孔大，嘴唇厚，无颊囊，背部毛发为青色，头顶、颈、肩、上臂和尾的毛为灰黑色，头侧、颈侧、躯干腹面和四肢内侧的毛为黄褐色，毛质十分柔软。金丝猴生活在海拔 1400～3000 米的阔叶林和针阔叶混交林中，几乎与大熊猫同地区分布，同样怕酷暑而耐严寒。

中国的金丝猴包括川、滇、黔三种，在秦岭繁衍生息的川金丝猴猴群共有近 40 个，全部金丝猴加起来有 4000 多只；滇金丝猴远居滇藏的雪山杉树林，数量仅千余只；黔金丝猴仅见于贵州梵净山，数量才 700 多只。

（6）白头叶猴

白头叶猴又叫花叶猴，头肩俱白，故而得名。白头叶猴属于国家一级保护动物，至今已有 300 多万年的生存历史，是全球 25 种最濒危的灵长类动物之一，被公认为世界最稀有的猴类。白头叶猴为我国所独有，并且仅分布在广西左江和明江之间的一个十分狭小的三角形地带内，面积不足 200 平方千米。目前国外还没有白头叶猴活体和标本，国内也只有少数几个地方有人工饲养的白头叶猴。

（7）藏羚羊

藏羚羊学名藏羚，是偶蹄目、牛科、藏羚属动物。它是中国重要的珍稀物种之一，属于国家一级保护动物。藏羚羊性情胆怯，早晨和黄昏结小群活动、觅食；善于奔跑，最高时速可达 80 千米，寿命最长为 8 年。雌藏羚羊生育后代时都要千里迢迢地到可可西里。为了保护藏羚羊和其他青藏高原特有的珍稀动物，国家于 1983 年成立阿尔金山国家级自然保护区，1992 年成立羌塘自然保护区，1995 年成立可可西里省级自然保护区，1997 年底可可西里自然保护区上升为国家级自然保护区，2000 年成立三江源自然保护区。近年来，西藏加大了对藏羚羊的保护，严厉打击非法捕杀藏羚羊的犯罪活动，加强法制宣传和执法力度，使西藏境内藏羚羊种群数量从 1999 年的 7 万只增加到目前的 10 万只以上。

（8）白唇鹿

白唇鹿又名岩鹿、白鼻鹿、黄鹿、"哈马"（藏语），是大型鹿类，中国特有的一种动物。白唇鹿是一种典型的高寒地区的山地动物，已列为国家一级重点保护野生动物。它的体型与水鹿、马鹿相似，唇的周围和下颌为白色，由此而得名白唇鹿。现有白唇鹿的保护区有四川新陆海保护区、甘肃盐池湾保护区。2003 年，四川省甘孜藏族自治州发现世界上最大的野生白唇鹿种群，总数逾 5000 头。

（9）藏野驴

藏野驴是青藏高原特有种，国家一级保护动物。它的体形酷似驴、马杂交而产的骡子，因尾稍似马尾，所以有人又称其为"野马"。为了保护这一物种，《濒危动植物种国际贸易公约》将它列为第Ⅱ类受保护的动物，中国政府也将其列为一级重点保护动物，严禁捕杀。2003 年起，西北濒危动物研究所承担国家林业局"青藏铁路野生动物通道对藏羚羊等高原有蹄类动物的有效性监测研究"和"青藏铁路营运期野生动物通道监测评估"项目。近些年，藏野驴的种群得到了很好的保护与恢复。根据世界自然基金会的调查统计，在阿里的局部地区有数量庞大的藏野驴群，有些群体的数量达到了 500 头以上。

（10）黑颈鹤

黑颈鹤是大型涉禽，身长 110～120 厘米，体重 4～6 千克，是世界上唯一的一种生长、繁衍在高原的鹤类，是中国特有的珍贵鸟类。黑颈鹤全身灰白色，除眼后和眼下方具一小块白色或灰白色斑外，头的其余部分和颈的上部为黑色，故称黑颈鹤。截至 2002 年，中国西宁、北京动物园和国际鹤类基金会合作已成功地进行了黑颈鹤的人工繁殖。目前中国以保护黑颈鹤为主的各级自然保护区共有 15 个，其中有 3 个是国家级自然保护区。

（11）红腹锦鸡

红腹锦鸡又名金鸡，中型鸡类，是中国特有鸟种，该物种分布的核心区域在中国甘肃和陕西南部的秦岭地区，已被列入《中国濒危动物红皮书》，是易危国家重点保护野生动物。红腹锦鸡雄鸟羽色华丽，头具金黄色丝状羽冠，上体除上背为浓绿色外，其余为金黄色，后颈被有橙棕色而缀有黑边的扇状羽。雌鸟头顶和后颈呈黑褐色，其余体羽为棕黄色，满缀以黑褐色斑和横斑。红腹锦鸡野外特征极明显，全身羽毛颜色互相衬托，赤橙黄绿青蓝紫，光彩夺目，是驰名中外的观赏鸟类。

四、神奇的植物

1. 环保卫士——红树林

红树林是指生长在热带、亚热带低能海岸潮间带上部，受周期性潮水浸淹，以红树植物为主体的常绿灌木或乔木组成的潮滩湿地木本生物群落。组成的物种包括草本、藤本红树。它生长于陆地与海洋交界带的滩涂浅滩，是陆地向海洋过度的特殊生态系统。

全世界约有 55 种红树林树种。在中国，红树林主要分布在海南、广西、广东和福建等省。

红树以凋落物的方式，通过食物链转换，为海洋动物提供良好的生长发育环境。由于红树林生长于亚热带和温带，潮沟发达，并拥有丰富的鸟类食物资源，所以红树林区是候鸟的越冬场和迁徙中转站，更是各种海鸟和深水区动物觅食栖息、生产繁殖的场所。红树林是至今世界上少数几个物种最多样化的生态系统之一，生物资源非常丰富，如广西山口红树林区就有 111 种大型底栖动物、104 种鸟类、133 种昆虫。

红树林另一重要生态效益是它的防风消浪、促淤保滩、固岸护堤、净化海水和空气的功能。盘根错节的发达根系能有效地滞留陆地来沙，减少近岸海域的含沙量；茂密高大的枝体宛如一道道绿色长城，有效抵御风浪袭击。1958年福建厦门曾遭受一次历史上罕见的强台风袭击，12 级台风由正面向厦门沿海登陆，随之产生的强大而凶猛的风暴潮，几乎吞没了整个沿海地区，人民生命财产损失惨重。但在离厦门不远的龙海县角尾乡海滩上，因生长着高大茂密的红树林，结果该地区的堤岸安然无恙，农田村舍损失甚微。1986 年广西沿海发生了近百年未遇的特大风暴潮，合浦县 398 千米长海堤被海浪冲垮 294 千米，但凡是堤外分布有红树林的地方，海堤就不易冲垮，经济损失就小。许多群众从切身利益中感受到红树林是他们的"保护神"。

2. 抗癌植物——红豆杉

在素有"植物王国"之称的云南省，生长着一种大约出现于 2 亿年前的植物——红豆杉，它是著名的抗癌植物。

红豆杉，也称赤柏松、紫杉，是红豆杉科属浅根植物，是世界上公认的濒临灭绝的天然珍稀植物。该属树种因其叶形似杉树，果实呈圆豆形且假种皮是红色，宛如南国的"相思豆"，故而得名红豆杉。红豆杉属植物全世界有 11 种（变种），分散于北半球的各大洲，我国有 4 种 1 变种。本属植物在侏罗纪、白垩纪时，曾广泛分布于欧亚和北美地区，到第四纪冰川期，不同种群收缩至现今的分布区。因此，红豆杉是起源古老的第三纪孑遗植物，是植物界的"活化石"。它在研究物种起源和进化、森林演替、森林地理等方面有重大的科研价值。

20 世纪 70 年代，研究者发现从红豆杉树皮、树叶中所提取的紫杉醇对肿瘤细胞有独特的抑制功能，能阻止癌细胞的增殖，紫杉醇因此成为新一代抗癌药物的代表，被誉为"植物黄金"，红豆杉也变成"轰动世界的药用植物"，成为当今世界最热门的药用植物研究对象之一。

中国的 5 种红豆杉都能提取紫杉醇。其中，云南红豆杉的紫杉醇含量最高，是治癌植物资源中的佼佼者。

3. 会"走"的植物

一株植物，除非有人移动，否则一辈子都在一个地方定居，这似乎是天经地义的。但实际上却有能够"行走"的植物，真可谓是世界之大无奇不有。

有一种名叫苏醒树的植物在水分充足的地方能够安心生长，非常茂盛，一旦干旱缺水时，它的树根就会从土中"抽"出来，卷成一个球体。大风一起它便随风而"走"，只要被吹到有水的地方，它就将卷曲的树根伸展并插入土中，开始新的生活。

在南美洲的沙漠地区，生长着另一种会"走"的植物——"步行仙人掌"。这种仙人掌的根是由一些带刺的嫩枝构成的，基本在地面之上。原来它不是从土壤里，而是从空气中吸取营养的。它能够靠着风的吹动，向前移动很大一段路程，看上去就像"走"了一大段路程。

4. 会"笑"的树

非洲东部卢旺达的首都基加利，有个芝密达兰哈德植物园，园里有一种会发出"哈！哈！"笑声的树，初到植物园的人往往被这笑声戏弄，对此迷惑不解，听到"哈！哈！"笑声却看不到发出声的人。

原来笑声是树发出来的，当地人称这种树为笑树，笑树是一种小乔木，能长到 7 ~ 8 米高，树干呈深褐色，叶子为椭圆形，每个枝权间长有一个皮果，形状像铃铛，皮果内生有许多小滚珠似的皮蕊，能在皮果里滚动，皮果的壳上长了许多斑点般的小孔，每当微风吹来，皮蕊在里面滚动，就会发出"哈！哈！"的声响，很像人的笑声。

笑树这种会笑的功能，被人们巧妙地利用在农业生产上。把它种植在田边，每当鸟儿飞来的时候，听到阵阵笑声，以为是人来了，不敢降落，从而保护了农作物不受损害。

5. 名字恐怖的尸参

尸参是一种生长在坟墓中的参类，是一种植物，在阴暗腐臭的泥土中滋生，毒性极强。尸参长得类似人形，有点像大得异常的人参，但要大出数十倍甚至上百倍还不止。它本身和人参没有任何关系，我国对它没有准确的称呼，只泛称尸参或鬼参。古回回国称其为"押不芦"，相传能起死回生。

6. 诱人的香肠树

香肠树产生在非洲东部的乌干达，它结出的果实又粗又长，看上去就像是一根根挂在树上的香肠。所以，人们根据它的形态，把它叫作"香肠树"。香肠树的果实虽然样子像香肠，但是味道却和香肠相差甚远。吃起来味道甜甜的，而且不论是成熟还是没成熟的果子，味道都一样，都可以食用。在我国的广东省和海南省，也有一种能结出像腊肠一样果实的树，只不过这些"腊肠"只能看，不能吃。

7. 能产生电流的"电树"

在印度的森林里有一种树是带电的，如果人们不小心碰到它的枝条，就会立刻感到像触电一样难受，所以叫电树。

这种树只会在早上和下午有阳光照射的时候才会产生电流，而到晚上没有阳光照射的时候不会产生电流。

科学家研究发现，电树的体内有"硅"元素，在它的体内形成太阳能硅电池的形式，所以经阳光照射的时候会像太阳能电池一样产生电流。人们猜测，这种树有发电和蓄电的本领，它的蓄电量还会随着时间的变化而变化，中午带的电量最多，午夜带的电量最少，这可能与太阳光的照射有关。

8. 能吃的面包树

面包树是常绿乔木，树皮灰褐色，粗厚。面包树是一种木本粮食植物，也可供观赏。果实风味类似面包，因此而得名。它原产于马来半岛以及波利尼西亚，如今因人类的传播而分布于波利尼西亚、印度南部、加勒比地区等热带地区。

面包树果实的淀粉含量非常丰富，食用前通常以烘烤或蒸、炸等方法料理，烹煮后味道与面包和马铃薯相似，松软可口，酸中有甜，是许多热带地区的主食。

一棵面包树一年可结 200 颗果实，是食用植物中产量最高的植物之一。面包树对生长的环境不是很挑剔，在适应的条件下就能成活，又因为它的高产，所以种植面包树是解决饥荒的一种有效的办法。

9. 植物也"吃醋"

有情感的人类或动物会"吃醋"，无法想象植物也会"吃醋"。

英国生物学家万森遇到过植物的"报复"。他的房屋里有一株榕树，他每天精心照料，一连好几年。结婚时，他已不再年轻了。对这株榕树来说，万森夫人是屋里的第三者。没过多久，她就得了以前从未得过的好几种怪病，怀孕后，她得了严重的中毒症，大夫费尽心机也没能保住胎儿。幸好万森隐隐约约猜想到了缘故，把榕树移到了温室，夫人的病很快就好了，还生了个大胖儿子。这是有文献记载的植物"吃醋"的例子。榕树容不得主人分心，就释放只有对女主人起作用的毒素。

在俄罗斯也有植物"吃醋"的例证。俄罗斯谚语说：屋里养花，男人离家。因为家里给花草浇水上肥的一般都是女主人，花草就把她同积极因子联系起来，而男人对花草一般不感兴趣，有时还祸害它们，把花盆当烟灰缸使，引起花草的反感，它们便会释放有害化合物。在植物中，对男子最不利的是常春藤，容易加剧失眠的有龙尾兰、玫瑰等。

10. "伤心"的树木会流泪

俄罗斯南部生长着一种奇怪的眼睛树，它的外形看上去与其他树木没有什么异样，但是当你把树皮剥掉后，奇迹就发生了。剥皮后的树干上立即显露出一只只大大的"眼睛"，在这些奇妙的"眼"里还流着悲伤的"泪水"。这些"泪水"，使人不忍再继续剥它的皮。这些眼睛其实不过是些疤痕，只不过与其他树的疤痕不同，两侧各伸出一个角，很像人的眼睛。流出的"眼泪"带有黏性，是一种天然胶黏剂，能作胶水用。

11. 长得最快的植物

长得最快的植物是中国江南的一种毛竹，有着惊人的生长速度，它在春笋出土开始拔节的时候，一天一夜可以长高 1 米（落叶松一年才能长高 1 米），平均每分钟大约可以长高 2 毫米，有时甚至能听到它生长时拔节的响声。所以人们常常用"雨后春笋"来形容事物发展得很快。

12. 神奇的气象树

在安徽省和县境内的山上有一棵能"预报"当年旱涝情况的"气象树"。这棵树高 10 米多，树冠遮盖了 100 多平方米的地面。据说这棵树已经生长了 400 多年。经过多年观察，人们发现，根据这棵树发芽的迟早和树叶的疏密，就可以知道当年是旱还是涝。例如，树在谷雨前发芽，芽多叶茂，这一年雨水就多；按时令发芽，树叶有疏有密，这一年大致风调雨顺；谷雨后才发芽，树叶又少又稀，这年必有旱情。当地一些老百姓把这棵树奉为"神树"。

13. 最胖的植物

人有胖瘦，树也有胖瘦。有一种猴面包树，它生长在非洲的东部和西部的热带草原上。这种树一般高 10~20 米，但是它的直径却有 10 米，远远看去就像一座房子，被人们称为是世界上最胖的树。由于它生长的地方常常一连七八个月不下雨，在干旱的时候，猴面包树的叶子就落掉了，到了雨季再生长出新的叶子来。它的树干里储藏着大量的水分。干旱的时候，狮子、斑马等都爱到它的树洞里休息，呼吸湿润的空气。猴面包树的果实像手指的形状，有黄瓜那么长，果肉很甜，猴子很爱吃，故名"猴面包树"。

14. 光棍树

在北方的冬天，常常见到树木的树叶落个精光，这是自然界的巧妙设计。因为冬天寒冷，阳光少，树叶的光合作用降低了，正好这段时间又是严寒的日子，树木本身在地下吸收的水分已经不足，如果有树叶来消耗水分及其他养分，便很难维持生命力，因此落叶是减轻负担的一种措施，到来年阳光和水分充足时，又长出新叶来……

但大自然无奇不有，有一种树，根本就不遵循上述自然规律，不论任何季节，都呈现光秃秃的形象，不要以为这是枯树，实际上它是生机蓬勃的，这种树名叫"光棍树"，产于非洲的沙漠地区。原来非洲的荒漠地带气候炎热干燥，长期无雨，光棍树便适应这种自然环境，没有叶子，便减少蒸腾，节省水分，用绿色的茎与条代替叶的功能，而叶就在这种情况下退化了。这种树也有自我保护作用，使一些吃叶的动物见到光秃秃的枝丫而不去光顾，减少了被动物吃掉的机会。这种树是怎样生存的呢？其实，这种光棍树的嫩枝代替了叶子进行光合作用，通过汲取阳光的营养来强壮自己。

15. 能帮助人"采矿"的草

在千奇百怪的植物世界里，不但有一些植物能帮助人们找到矿藏，而且还有一些植物能帮助人类采矿呢。那么人类怎样发现植物能"采矿"的呢，这还得从北美洲的"有去无回谷"的故事谈起。

"有去无回谷"是一个神秘的山谷，风光秀丽，景色迷人，环境诱人，可是到那里垦荒的欧洲移民，往往住不了多久，就会得一种莫名其妙的怪病。患病的人，先是双眼失明，然后毛发脱落，最后因全身衰竭而死。因此，当地的印第安人给它起了"有去无回谷"的名字。后来，科学家考察了这个神秘的山谷，揭开了它神秘的面纱。原来，这个谷地里含有十分丰富的矿物——硒，植物在生长时吸收了大量的硒，人吃了含有大量硒的植物后，硒就在体内聚集起来，引起中毒而使人死去。

硒是一种很稀有的矿物元素，开采起来很费力，当人们弄清了"有去无回谷"致人死命的真相以后，就在那里种上了能大量吸收硒元素的植物紫云英，等到紫云英长成收获以后，将它烧成灰，便可以从中提取硒。

利用植物采矿的方法，人们不但得到了大量的硒，还节省了许多人力和物力。其实能帮助人类采矿的植物还很多，例如从海带中可以提炼出碘，从锌草中可以提炼出锌，从紫苜蓿中可以提炼出稀有的金属钽，从一种名叫蓝液树的树液中可以提炼出镍。

自然界是个和谐的整体，很多植物对人类的生存都有很大作用，有了这些植物的帮助，人类要把那些土壤中含量十分稀少的矿物开采出来就容易多了。所以，人类要爱护大自然，与其他生物和谐相处。

16. 会和人一样喝水的树

人在喝水时能发出声音，树木"喝水"也会发声吗？科学家认为，他们有史以来首次记录下了树木"喝水"时发出的声音。成活树木在干旱时要吸收尽量多的水分，这样才能活下去，其间它们会发出超音速的噗噗声，就像人类尽情地大口呼吸空气时发出的声音一样。这种声音的速度是人耳能听到的声音速度的 100 倍，但以法国大学物理学家菲利普·马尔莫唐为首的研究小组认为，他们最近在实验室进行实验时放慢了这一过程，从而听到了这种声音。

他们利用浸泡在水凝胶中的松树枯木碎片重现活树的生存条件，然后使水凝胶暴露在人工制造的干燥环境中。研究人员最后听到了木头开始发出的噗噗声。这种声音来自出现后又消失的气泡。气泡出现后又消失的过程被称为空穴现象。树叶吸收二氧化碳时会打开气孔，所以非常容易失去水分。为了应对这一问题，树木通过自己的根系从土地中吸收水分，这一过程导致了气泡的形成。

马尔莫唐说："之所以强调大多数声音是因为可能还有木头的爆裂声和虫子等其他原因，但发生空穴现象时出现的大多数声音都是因为这些气泡的缘故。"

目前，科学家们正竞相努力制造能听到大自然发出的这种独特声音的设备，以便更好、更直接地去探究自然界的各种奥秘。

17. 能吃虫子的植物

自古以来都是动物吃植物，鲜有植物能够"吃肉"的。瓶子草是一种奇特的食虫植物。它利用叶子来捕捉和消化蚂蚁、苍蝇、蚊子等昆虫。其瓶状叶是有效的昆虫陷阱，瓶状叶外部色彩鲜艳，内壁能分泌消化液，与瓶内贮藏的雨水相混，起到溺死并消化昆虫的作用。瓶状叶的开口处常分泌香甜的蜜汁，引诱昆虫前来采吃，一旦受骗的昆虫爬进内壁，滑落到瓶内的消化液里，将受到内壁的倒刺毛的阻挡，最终溺死其中。昆虫的尸体在瓶子草消化酶的作用下，变为营养物质氨基酸被瓶壁吸收。

瓶子草的奇异功能不仅仅在于它能吃虫子，还有它那结构奇异的花朵构造。瓶子草最主要的授粉者是蜜蜂，由于花朵的构造，蜜蜂要采蜜的时候，必须先经过其中一个柱头，才能进入倒伞状的空腔部分。在空腔内，它们不免会沾到一堆来自花药或者掉落的花粉。离开的时候，也由于花朵的构造，蜜蜂得从其中一个盖状的花瓣出去，这种方式可以避免蜜蜂经过柱头造成自花授粉。正是瓶子草的这种异花授粉才决定了它的不简单。

18. 珍稀植物名录

（1）普陀鹅耳枥

普陀鹅耳枥，落叶乔木，是中国特有珍稀植物，现仅存一株，在保存物种和自然景观方面都有重要意义。普陀鹅耳枥雌雄同株，雄花序短于雌花序，雄、雌花于4月上旬开放，果实于9月底10月初成熟，具有耐阴、耐旱、抗风等特性。

（2）珙桐

珙桐为落叶乔木，可生长到20～25米高，叶子呈卵形，边缘有锯齿。珙桐植物只有一属两种，两种相似，只是一种叶面有毛，另一种是光面。珙桐花奇色美，是1000万年前新生代第三纪留下的孑遗植物，在第四纪冰川时期大部分地区的珙桐相继灭绝，只有我国南方地区有少量珙桐幸存下来，成为了当今植物界的"活化石"。

（3）荷叶金钱蕨

荷叶金玫蕨又名荷叶金钱草，仅发现于重庆万县和石柱县局部地区，已濒临灭绝。荷叶金钱蕨作为中药历史悠久，植株优美，观赏性强。目前，武汉植物园已大量引种。荷叶金钱蕨适于生长在温暖、湿润无荫的岩面薄土层、石缝或草丛中，喜中性偏碱土壤，早春发叶，7 月后形成孢子囊群，8~9 月孢子成熟，可用分株或孢子繁殖，株高5~20厘米。

（4）桫椤

桫椤是唯一现存的木本蕨类植物，隶属于较原始的维管束植物——蕨类植物门桫椤科，极其珍贵，堪称国宝，被众多国家列为一级保护的濒危植物。桫椤是古老蕨类家族的后裔，可制作成工艺品和中药，还是一种很好的庭园观赏树木。

（5）半日花

半日花是半日花科的一种半灌木或灌木，为一年生或多年生草本孑遗植物，相传一年中只绽放半日，平时悄无声息。中国内蒙古、新疆有两种分布，分别是新疆半日花和内蒙古半日花，被列为国家二级保护植物。全世界约有8属200种，多分布于地中海沿岸。半日花是亚洲中部荒漠的特有种，加强对珍稀濒危植物半日花的研究和保护具有重要意义。

（6）贡山三尖杉

贡山三尖杉是常绿乔木，树皮紫色，光滑，生长于海拔1900米左右阔叶林中。产于贡山县，是云南特有种，也是濒危物种。贡山三尖杉叶呈披针形，中脉凸起，种子呈倒卵状椭圆形，假种皮为绿褐色。

（7）岷江柏木

岷江柏木是常绿乔木，高达30米，胸径达1米，分布于四川岷江流域、甘肃白龙江流域海拔890～2900米的峡谷两侧或干旱的河谷地带，为中国特有种，是长江上游水土保持的重要树种，也是高山峡谷地区中干旱河谷地带荒山造林的先锋树种。岷江柏木喜光耐旱，对坡向选择不严，多生于条件极差的悬崖陡壁，一般生长缓慢，花期为4～5月份。

（8）朝鲜崖柏

朝鲜崖柏生长在长白山西南坡海拔700～1800米的地带，是一种柏科植物。为了对它进行保护，我国将其定为国家三级保护植物。由于长白山地处东北的东南面，因受来自东面日本海和南部黄海潮湿气流的影响，这里气候温和而潮湿，形成了特殊的自然环境。在这里，火山灰形成的土壤，矿物质丰富，起伏的山坡上森林茂密，植被丰富。朝鲜崖柏就生长在如此优越的环境中，分布极为狭窄。

朝鲜崖柏是稀有耐寒常绿植物，树形美观，易整形，病虫很少，所以是绿篱、盆景的极佳选择。此外，朝鲜崖的木材结实耐用，可供建筑、农具等用。